dtv

Die zweibändige Hitler-Biographie des englischen Historikers Ian Kershaw gilt seit ihrem Erscheinen als unverzichtbares Standardwerk. Es ist sowohl die detaillierte Biographie des Diktators als auch eine umfassende Darstellung von Aufstieg, Machtentfaltung und Untergang des Nationalsozialismus in Deutschland. Dieser Registerband ist eine nützliche und übersichtliche Ergänzung zu den Personenregistern der Einzelbände. Er erschließt die weitgespannten Zusammenhänge des monumentalen Werkes und ermöglicht dem Leser den schnellen Zugriff auf Namen, Orte, Organisationen, Institutionen, Verordnungen, Begriffe und markante Ereignisse.

Ian Kershaw

Hitler

1889-1945
Registerband

Bearbeitet von Martin Zwilling

Deutscher Taschenbuch Verlag

Mai 2002
Deutscher Taschenbuch Verlag GmbH & Co. KG, München
www.dtv.de
© 2001 Deutsche Verlags-Anstalt, Stuttgart/München
Das Werk ist urheberrechtlich geschützt. Sämtliche, auch auszugsweise Verwertungen
bleiben vorbehalten.
Umschlagkonzept: Balk & Brumshagen
Druck und Bindung: Friedrich Pustet, Regensburg
Gedruckt auf säurefreiem, chlorfrei gebleichtem Papier
Printed in Germany · ISBN 3-423-30843-5

Inhalt

7 Sachregister

77 Personenregister

99 Abkürzungsverzeichnis

Seitenzahlen, die auf den Abbildungsteil verweisen, sind *kursiv* gestellt.

(I) Ian Kershaw: Hitler 1889–1936. Stuttgart / München 1998
(II) Ian Kershaw: Hitler 1936–1945. Stuttgart / München 2000

Sachregister

A

AA siehe Auswärtiges Amt
Aachen (II) 918, 958f., 964, 1268
Aalborg (Flugplatz) (II) 391
Abendland (I) 205, 210, 304 (II) 66
Abendländischer Bund (I) 211
Abessinien (I) 701, 912 (II) 60
Abessinien-Krise (I) 701f., 713, 728,
  729, 731ff., 734, 913 (II) 58f., 110
Abruzzen (II) 782
Absberg (II) 575
Abstrakte Kunst (II) 24
Abwehr (militärischer Nachrichten-
  dienst) (II) 140, 163, 217, 293,
  295f., 306, 315, 360, 368, 371,
  863, 870, 877, 902, 955
Achse Berlin – Rom (II) 150, 260, 303,
  449, 458, 463, 466, 478, 480, 482,
  488, 497, 506, 637, 676, 702, 706,
  717, 721, 752, 760f., 769, 771, 781
– u. Antibolschewismus (II) 60f., 388
– Begriff (II) 61
– Herausbildung (I) 733 (II) 34, 59ff.
– u. Sowjetunion (II) 450, 458
– u. Spanien (II) 60, 85, 440f., 444,
  462ff.
– u. Vichy-Frankreich (II) 441, 712
– Verhältnis Deutschland – Italien
  (II) 85, 112f., 128f., 395, 404, 493, 712
siehe auch Afrikafeldzug, Dreimächte-
  pakt, Italien, »Stahlpakt«, Treffen
  Hitler- Mussolini
Achse (Entwaffnung Italiens)
  (II) 779-782
Adel (I) 65, 110, 233, 461, 826, 903,
  913

– Junker (I) 460, 566 (II) 7, 11
– polnischer A. (II) 323, 335, 337f.
– Unterstützung der Diktatur (I) 553
ADGB *siehe* Allgemeiner deutscher
  Gewerkschaftsbund
Adlerorden *siehe* Deutscher Adler-
  orden
Adlerhorst *siehe* Führerhauptquartier
Admiral Scheer (Kreuzer) (II) 83
Adria (I) 65
Afrika (I) 116 (II) 431f., 434, 439,
  443, 548, 571, 708, 1099
Afrika-Korps (II) 463, 602, 676, 702,
  709, 716, 763
Afrikafeldzug (II) 463, 590, 602,
  676f., 702, 706-711, 716, 755f.,
  761, 860, 1219, 1226
AG *siehe* Arbeitsgemeinschaft der
  nord- und westdeutschen Gaue der
  NSDAP
Ägäis (II) 448, 480
Agententheorie *siehe* Kapitalismus
Agram (heute: Zagreb) (II) 485
Agrarkrise *siehe* Weimarer Republik
Agrarpolitik *siehe* Landwirtschaft
Agrarpolitischer Apparat (I) 421
Ägypten (II) 254, 415, 466, 688f.,
  1226
Akademiker (I) 90, 239, 404
Aktion Reinhardt (II) 644, 784, 1213,
  1240
Aktion T4 *siehe* Euthanasieaktion
Aktion wider den undeutschen Geist
  siehe Bücherverbrennung
Alarich (Pläne für den Bündnisaustritt
  Italiens) (II) 773

8 SACHREGISTER

Albanien
- italienische Annexion (II) 276
- Rückschläge des italienischen Militärs (II) 462

Alexandria (II) 689

Algier (II) 707, 711

Alkohol, Alkoholismus (I) 74, 79, 82, 92, 186, 292, 338, 433, 616, 645, 654, 674, 760f., 859 (II) 987, 1037, 1044, 1048

Das Alldeutsche Tagblatt (I) 771

Alldeutscher Verband (I) 117, 141, 163, 167, 177, 180f., 183, 230, 239, 247, 324, 395

Allgemeiner Deutscher Gewerkschaftsbund (ADGB) (I) 602f.

Allgemeines Heeresamt (II) 868, 878, 886

Allgemeines Männerwahlrecht (I) 65, 69

Alliierte Landung (II) 602, 676, 703, 726f., 763f., 769, 781, 789, 791, 793, 817, 825f., 1243f.
- in Frankreich (II) 788, 799, 827, 834, 843-850, 866, 909, 923, 941, 1246f., 1264
- in Nordafrika (II) 707f., 710f., 727
- in Sizilien (II) 756, 761, 763

Almeria, Beschuß von (1937) (II) 83

Alpen (I) 73, 233, 348, 363, 485 (II) 936, 1022

»Alte Kämpfer« (I) 606, 629, 634, 673 (II) 71, 75, 129, 292, 345, 372, 374, 424, 497, 650, 708, 797, 903

Altmark (Troßschiff) (II) 390, 1166

Altonaer Blutsonntag (17.7.1932) (I) 462

Altötting (I) 365

Altpreußische Union (I) 619

American Jewish Congress (I) 598

Amerika (II) 585

siehe auch Vereinigte Staaten von Amerika

Amerika (Sonderzug Hitlers) (II) 398, 485, 1184

Amerikanischer Bürgerkrieg (I) 238

»Amerikanisierung« (I) 391 (II) 24

Amsterdam (II) 767

Ämterchaos *siehe* Polykratie

Anarchisten (I) 155, 157

Andalusien (II) 48

Angerburg (II) 530

Angestellte (I) 90, 198, 391
- jüdische A. (I) 568

Der Angriff (I) 379, 387, 413, 440f., 704

Anhalt
- Landtagswahl 1932 (I) 456ff.
- Redeverbot Hitlers (I) 376

Ankara (I) 652 (II) 277

Annexionismus, Annexionisten (I) 138, 140, 254, 324

»Anschluß« (I) 83, 125, 620 (II) 10, 29, 67, 83, 85f., 89f., 93, 105, 109-137, 141, 148, 185, 207, 260, 334f., 406, 467, 829, 1076, 1111ff., 1125, 1148, 1220
- deutsche Ultimaten (II) 124ff.
- deutscher Einmarsch (II) 117, 120, 122f., 124ff., 234
- Fluchtwelle (II) 135
- gesetzlicher Rahmen (II) 126f., 128f.
- Massenverhaftungen, Repression (II) 130, 133ff.
- Reaktionen im Ausland (II) 125, 126, 128
- Rundfunkansprache Schuschniggs (II) 125
- Volksabstimmung (10.4.1938) (I) 625 (II) 131f.
- als Wasserscheide für Hitler (II) 132, 135
- wirtschaftliche Bedeutung (II) 85, 110, 112f., 221, 1103

siehe auch Österreich, *Otto*

Antibolschewismus (I) 158, 321, 354, 526, 583, 639f., 680, 738 (II) 27, 76, 111, 219, 291, 388, 415, 417, 509, 514, 524, 532, 549, 569, 574, 617, 1052
- Deutschland als Bollwerk gegen den B. (I) 242, 426, 909, 933, 962, 998, 1072, 1245
- Hitlers A. (I) 19, 146, 299, 302, 304, 321ff., 326, 368 (II) 31, 44-52, 56, 60f., 77f., 111, 117, 149, 183,

214, 221, 388, 396, 413, 417, 441,
470f., 473, 512f., 522, 526, 581f.,
601, 759. 841f., 909, 936, 974,
1051, 1092, 1166, 1193, 1229f.
- u. Hitlers Kriegsführung (II) 419,
437, 446, 451, 454, 458, 473, 508,
512, 1173
- Juden u. Bolschewismus (I) 158,
197, 199, 226, 321f., 354, 508, 917
(II) 54, 77, 396, 458, 472, 477, 505,
509, 511, 514, 519, 524, 581, 617,
622, 648, 758f., 820, 841f., 974,
1000, 1009
- Reichswehr / Wehrmacht (I) 165f.,
167 (II) 472, 477f., 513
- u. Spanischer Bürgerkrieg (II) 46-51
siehe auch Antimarxismus, Bolsche-
wismus, Kulturbolschewismus
Antiintellektualismus (I) 610
Antikapitalismus (I) 67f., 179f., 182f.,
198, 304, 381, 385, 413, 450f.,
493, 705, 843 (II) 17
siehe auch Kriegsgewinne, »Schieber«,
Warenhäuser, Wucher, Zinsknecht-
schaft
Antikatholizismus (I) 67, 94, 617
Antiklerikalismus (I) 339 (II) 78
siehe auch Kirchenkampf
Antikomintern-Pakt (25.11.1936)
(II) 62f., 218, 220, 567
- Beitritt Italiens (6.11.1937) (II) 63
Antiliberalismus (I) 68, 179f., 381
Antimarxismus (I) 67, 89, 96, 114f.,
178f., 194f., 220, 242, 320, 347,
368f., 381, 403, 406, 411, 421,
511, 549, 551, 554, 557f., 567f.,
574ff., 577f., 597, 714 (II) 23, 46,
186
- Hitlers A. (I) 19, 61, 123, 144, 146,
199, 275, 304, 321, 341, 367f.,
370, 390, 418, 524, 559, 575, 586,
782, 886, 917 (II) 191, 434f., 627,
631f.
siehe auch Antibolschewismus
Antimodernismus (I) 74, 85
Antiparlamentarismus (I) 66f., 185,
285, 411, 425, 554
Antisemitenbund (I) 99

Antisemitismus (I) 9, 20, 24, 66f., 81,
86, 114f., 117, 163, 168f., 179, 189,
201, 326, 347f., 381, 403, 408, 420,
508f., 597, 669, 707, 720, 773
(II) 35, 186, 261, 326, 388, 649, 785
- biologistische Terminologie (I) 198,
250, 303 (II) 627f., 656, 758f., 766,
786
- im Bund Bayern und Reich (I) 220
- »emotionaler« A. (I) 169, 197
(II) 207
- im Ersten Weltkrieg (I) 140f.
- Hitlers A. (I) 59, 61, 84, 86f., 90,
94, 97-105, 134f., 144ff., 163,
168ff., 178, 197f., 299, 302ff., 321,
325, 329, 343f., 367, 369f., 372ff.,
394, 524, 576, 597, 663, 702f.,
716, 720, 753, 759, 766, 773, 775,
781, 806, 843 (II) 46, 77, 80f., 210-
213, 452, 465, 617f., 648ff., 727,
737, 757-760, 765f., 784, 841f.,
1025, 1056ff., 1215, 1220
- Juden u. Bolschewismus (I) 19, 197,
199, 302, 321, 326 (II) 81, 437,
458, 466, 469-472, 514, 519,
617ff., 621, 623f., 626, 641, 758f.,
1229f.
- latenter Antisemitismus (II) 24f.
- Luegers A. (I) 64, 68f., 102
- rassischer A. (I) 66f., 85, 98f.,
102ff., 115, 141, 169, 178, 180
(II) 877
- »rationaler« Antisemitismus
(I) 169f. (II) 208
- Ritualmorde (I) 101f., 228
- Schönerers A. (I) 66f., 102, 781
- u. Sozialismus (I) 67, 169, 197, 534
- Treitschkes A. (I) 112
- u. Unternehmer (I) 450
- u. Völkische Bewegung (I) 140, 181,
183
siehe auch Boykott vom 1.April 1933,
Judenverfolgung, Judenvernichtung,
Novemberpogrom 1938
Antisozialismus (I) 67, 89, 117, 219f.,
251, 345, 524
siehe auch Antibolschewismus, Anti-
marxismus

Antwerpen (II) 941, 950f., 963, 1264
Anzio, Brückenkopf von (II) 826
AO *siehe* Auslandsorganisation
Apartheid (II) 348
Apenninen (II) 782, 843, 936
Appeasement (I) 697 (II) 120, 163,
181, 237f., 278, 298, 492
Arabien (II) 254
Arbeiterbewegung (I) 69f., 96, 154,
402, 526, 548, 568
siehe auch Gewerkschaften, Sozial-
demokratie
Arbeiterklasse, Arbeiter (I) 19, 63,
69f., 74, 95f., 140, 154, 157, 164,
183, 193, 198, 200, 228, 242, 246,
254, 348f., 371, 385, 388, 391,
401, 423ff., 486, 503, 505, 507,
510, 526, 548, 575, 579, 587, 603,
687, 724f., 727, 775, 780 (II) 16,
207, 212, 223, 249-252, 372f., 376,
545, 547, 603, 684, 1135, 1162
siehe auch Arbeiterbewegung, Prole-
tariat
Arbeiter- und Soldatenräte (I) 151,
153, 160ff.
Arbeiterzeitung (I) 96, 771
Arbeitsbeschaffung (I) 492, 495, 563,
569f., 592
siehe auch Sofortprogramm zur
Arbeitsbeschaffung
Arbeitsdienst (I) 592 (II) 740f., 1040
Arbeitsfront (I) 737
Arbeitsgemeinschaft der nord- und
westdeutschen Gaue der NSDAP
(AG) (I) 352-358, 417, 838f.
Arbeitsgemeinschaft der Vaterländi-
schen Kampfverbände (I) 246f.
Arbeitskräftemangel (II) 27, 139, 223,
250, 252, 427, 571, 662, 710, 741,
922f., 957, 1134
Arbeitslosenversicherung (I) 410
Arbeitslosigkeit (I) 256, 390f., 405,
410, 447, 463, 502f., 505, 516,
570, 634f., 639, 687, 722, 725,
727, 729f., 848f. (II) 21, 64, 221,
249, 545, 584
– Gegenmaßnahmen des NS-Regimes
(I) 549, 558, 563f., 571ff.

– Großbritannien und USA (I) 404,
545
siehe auch Arbeitsbeschaffung,
500-Millionen-Programm, Sofort-
programm zur Arbeitsbeschaffung
Arbeitsministerium *siehe* Reichs-
arbeitsministerium
»Arbeitsscheue« (I) 680
Ardennen (II) 393ff., 400, 963, 980
Ardennenoffensive (II) 897, 952,
958ff., 962-970, 978f., 983, 1005,
1008, 1241, 1271
Argentinien (II) 1076
»Arier«, »Ariertum« (I) 85f., 302,
370, 708, 712, 776 (II) 202, 204,
649, 655
»Arierparagraph« (I) 601
– Reichswehr (I) 635
»Arisierung« (II) 25, 57, 82, 187ff.,
206
Ärmelkanal (I) 903 (II) 400, 419, 665,
963
Arnheim (II) 941, 945
Asien (I) 323, 342, 448, 500, 526,
545f., 562, 571, 592, 680, 1158
siehe auch Naher Osten, Ferner Osten,
Kleinasien
Asowsches Meer (II) 586, 692, 699,
780
»Asoziale« (I) 680 (II) 628
Assimilierung (I) 115
Associated Press (AP) (I) 476
Astrachan (II) 695, 705
Athen (II) 486, 942
Atlantik (II) 390, 439, 504, 688, 701,
761f., 827, 843, 934, 950, 998
Atlantik-Charta (14.8.1941) (II) 637,
1210
»Atlantik-Gap« (II) 762
Atlantikwall (II) 703, 834, 847
Atlas (Sonderzug Hitlers) (II) 415
Atombombe (II) 951f.
Attentate auf Hitler (II) 362, 371, 378,
801, 865, 868-872, 877, 879ff.,
1260f.
– im Bürgerbräukeller (8.11.1939)
(II) 269, 362, 371-377, 381, 646,
1164, 1201

siehe auch 20. Juli 1944
Auf gut Deutsch (I) 201f.
Aufbau Ost (II) 416
Aufrüstung (I) 553, 561, 563ff.,
  621ff., 682, 688, 690, 692ff., 698,
  710, 732 (II) 18, 26f., 51, 56, 61,
  83, 87, 91, 108, 110, 143, 161,
  179, 217, 219, 222, 275, 314,
  321, 330, 363, 386, 650, 1104,
  1134
– u. Arbeitslosigkeit (I) 563f., 570,
  727, 729f.
– u. Entscheidung zur Expansion
  (II) 27, 40, 52, 57, 221f., 224
– u. Ernährungskrise / Konsum
  (I) 724f., 727ff. (II) 40ff., 44, 51,
  54f., 222
– u. Initiative der Wehrmachtsführung
  (II) 41, 108
siehe auch Wehrpflichteinführung
Augsburg (I) 129, 167, 210, 211, 228,
  807 (II) 76, 489f., 989
Auschwitz-Birkenau *siehe* Vernich-
  tungslager
Auslandsorganisation (der NSDAP;
  AO) (II) 47, 498
Außenministerium *siehe* Auswärtiges
  Amt
Austrofaschismus (II) 110
Auswärtiges Amt (AA) (I) 254, 377,
  520, 620, 623, 632, 667, 684, 688,
  692, 696, 699f., 711, 719, 731f.,
  734f., 737, 740f., 895f., 910 (II) 26,
  46f., 62, 84, 101f., 104, 108, 111f.,
  137, 140f., 143, 146, 159, 179,
  191, 253ff., 284, 360, 368, 371,
  385, 413, 433, 466, 530, 637, 653,
  707, 763, 996f., 1095, 1107, 1127,
  1153, 1177
– Handelspolitische Abteilung (II) 279
– Judenreferat (II) 432
– polenfeindliche Haltung (I) 624,
  682ff. (II) 256, 330
Autarkie (II) 42ff., 54ff., 88, 108,
  222ff., 288, 458, 581
– Ersatzstoffe (II) 43f., 52, 55, 221,
  980
– in Hitlers Denken (II) 545

Autobahnen (I) 571f. (II) 150, 159f.,
  526, 547, 585, 662, 693, 1094
Automobile (I) 334, 572
Automobilindustrie (I) 570-573
Autopsie (von Hitlers Leiche) (I) 772
Autoritarismus (I) 109, 111, 190, 404,
  410, 412, 448, 452, 459, 465f., 473,
  479, 494f., 505, 525f., 630 (II) 7
A4-Rakete *siehe* Vergeltungswaffe 2
Avranches (II) 935, 938
Azoren (II) 439, 443, 762

B
Babi-Yar, Massenerschießungen in der
  Schlucht von (1941) (II) 625
Bad Aibling (I) 132
Bad Godesberg (I) 612 (II) 167, 172,
  863
– Rheinhotel Dreesen (I) 645 (II) 169f.
siehe auch Petersberg
Bad Harzburg (I) 448
Bad Kissingen (II) 749
Bad Nauheim (II) 964, 1241
Bad Reichenhall (II) 415
Bad Wiessee (I) 644ff., 648
– Hotel Hanselbauer (I) 646
Baden (I) 585, 865 (II) 1258
– Landtagswahl 1929 (I) 395, 405
Bagration (sowjetische Großoffensive
  1943) (II) 854
Bahamas (II) 1171
Bakhmut (II) 593
Baku (II) 695, 699, 705
Balaton *siehe* Plattensee
Balkan (II) 82, 227, 277, 378, 413,
  445, 448ff., 456, 462, 478-481,
  484f., 488, 604, 762, 782, 829, 936,
  941f., 983, 1179
Balkanfeldzug (II) 481, 484-488, 531,
  580, 1183
Baltikum (I) 199, 201, 241, 324
  (II) 273, 280, 291, 297, 359, 461,
  620, 628, 645, 652, 817, 855, 858,
  1077
Bamberg (II) 707, 1000
– NSDAP-Konferenz (14.2.1926)
  (I) 353-357, 370, 376
Bank der deutschen Arbeit (I) 674

12 SACHREGISTER

Baranow, Brückenkopf von (II) 978,
1271
Barbarossa (Angriff auf Rußland)
(II) 451, 454, 458f., 470, 475,
478f., 481f., 484, 487ff., 492, 499,
503ff., 507f., 511, 525, 552, 561,
563-566, 569, 618, 620f., 626, 659,
690, 692, 854, 1172, 1178f., 1190,
1195
siehe auch Kommissarbefehl, Rußland-
feldzug, Weisungen Hitlers für die
Kriegsführung
Barbarossa-Befehl *siehe* Kommissar-
befehl
Bardia (II) 462
Barfleur (II) 1246
Barth, Treffen der Oberkomman-
dierenden (13.6.1938) (II) 154
Bartholomäusnacht (24.8.1572)
(I) 638
Bastogne (II) 966, 969
Bath (II) 672
Bauern (I) 31, 33, 66, 139, 154, 158,
179, 352, 384, 390f., 393, 401,
405, 407, 503ff., 575, 639, 722,
725 (II) 16, 201, 218, 249f., 252,
339
– u. NS-Politik (I) 558, 560, 591,
527f., 603
– Unterstützung der NSDAP (I) 242,
335, 387, 393f., 408, 442, 493
Bauhaus, Dessau (I) 334
Bayern (I) 7, 38, 123, 143, 158f., 172,
175, 177, 200, 204, 210, 218, 228,
235, 248, 254, 264, 291, 339, 342,
346, 348f., 351, 376, 383, 455,
484, 578, 585ff., 594, 617, 633,
648, 678, 694, 819f., 890 (II) 79,
95, 122, 126, 128, 250, 339, 571,
573, 668, 797, 836, 1258
– antiitalienische Ressentiments
(I) 373
– antipreußische Ressentiments
(I) 123, 135, 140, 268
– Ausnahmezustand (I) 224, 244, 255
– Außenministerium (I) 227
– Ausweisungsandrohung gegenüber
Hitler (I) 225f.

– Einwohnerwehren (I) 201, 219-223,
246, 249
– Generalstaatskommissariat (I) 255f.,
268, 270
– Innenministerium (I) 253, 585, 646
– Kabinettskanzlei (I) 128f.
– Kriegsministerium (I) 129, 222, 265,
315, 385
– Landtag (I) 225, 249, 795
– Landtagswahl 1919 (I) 155
– Landtagswahl 1924 (I) 267, 285
– Landtagswahl 1932 (I) 456ff.
– Nationalrat (I) 151
– als »Ordnungszelle« (I) 206, 217, 219f.
– Paramilitarismus (I) 201, 218-224,
226ff., 246f., 249, 251ff., 257, 268,
293f., 314, 342, 818
– Politische Polizei (I) 613
– Regierung (I) 155, 163, 206, 225f.,
244f., 248, 250, 253, 257ff., 261f.,
268, 271f., 292, 295f., 339, 388,
819, 826
– Republikfeindschaft (I) 172, 268
– Revolution, Räterepublik (I) 146,
151-159, 161-166, 168, 172, 184,
191, 219f., 222, 248, 272, 425,
586f., 594, 803
– Separatismus, Partikularismus
(I) 159, 170, 202, 220, 224, 247, 340
– Spannungen mit dem Reich (I) 224f.
– Verbot öffentlicher Auftritte Hitlers
(I) 347f., 369, 374, 837
– Wahlen Januar 1919 (I) 155
– Wittelsbacher Dynastie (I) 120, 153
siehe auch Bayrische Reichswehr,
Bayrische Staatspolizei, Bayrisches
Landgericht, Bayrisches Oberstes
Landesgericht, Hitlerputsch
Bayernbund (I) 224
Bayreuth (I) 52, 54, 240, 264, 348,
396, 657, 765, 785, 905 (II) 44f.,
47f., 52, 71, 267, 281, 414
– Haus Wahnfried (I) 240 (II) 48, 281f.
Bayrische Ostmark (II) 76
Bayrische Reichswehr (I) 159, 166,
246f., 251, 253, 311, 822
– 1. Bayrisches Infanterieregiment
(I) 129

- 2. Demobilmachungskompanie
  (I) 160f.
- 2. Ersatzbataillon des 2. Infanterie-
  regiments (I) 129, 165
- 7. Kompanie des 1. Ersatzbataillons
  des 2. Infanterieregiments (I) 159
- Ausbildung paramilitärischer Ein-
  heiten (I) 246f., 251, 269, 271, 818
- Bayrisches Heer (I) 128f.
- Bayrisches Reserve Infanterieregi-
  ment 16 (Regiment List) (I) 129f.,
  134-137, 167, 434, 789
- Gruppenkommando Nr. 4 (*Gruko*)
  (I) 165
- Hitlerputsch (I) 257f., 261ff., 268f.,
  272, 275
- Hitlers Dienst (I) 128-135, 147,
  151, 159-170, 200, 296, 443, 671
- Hitlers politische Schulung (I) 143,
  147, 151, 160, 163, 166ff., 353
- Untersuchungskommission über die
  Revolutionsvorgänge (I) 152, 161
siehe auch Vertrauensmänner
Bayrisches Landgericht (I) 259, 297
Bayrisches Oberstes Landesgericht
  (I) 295ff.
Bayrische Staatsbibliothek *siehe* Mün-
chen
Bayrische Staatspolizei (I) 262, 272
Bayrische Volkspartei (BVP) (I) 250,
  268, 347, 387f., 423, 458, 479,
  488f., 523, 605, 617, 879
Bayrischer Bauernbund (I) 422
BBC *siehe British Broadcasting Com-
pany*
BDM *siehe* Bund deutscher Mädel
Beamte (I) 110, 140, 153, 179, 242,
  335, 404, 424, 505, 570, 606
  (II) 7, 17, 208, 505, 669, 674, 1079
Beelitz (I) 134, 143
Befehl Barbarossa *siehe* Kommissar-
befehl
Behinderte (I) 116 (II) 352
Bekennende Kirche (I) 619 (II) 80
Belcec *siehe* Vernichtungslager
Belgien (I) 129, 243, 689, 691, 738
  (II) 274, 365f., 379, 395, 400, 548,
  682, 941, 968, 1167, 1220

- Armee (I) 243 (II) 400
- Neutralität (II) 274ff., 365, 379,
  399f.
- Regierung (II) 400
siehe auch Flandern
Belgisch-Kongo (II) 584
Belgrad (II) 478, 480, 484, 486, 942,
  1183
Belluno (II) 771
Belvedere *siehe* Wien
Bengasi (II) 1219
Berchtesgaden (I) 240, 252, 264, 348,
  363, 464, 613, 817 (II) 44f., 52, 60,
  71, 119, 121, 129, 164ff., 169, 193,
  281, 283f., 286, 293, 299, 301,
  574, 713, 738, 742, 767, 802, 825,
  844f., 1010, 1029, 1031f., 1035f.,
  1038f., 1041, 1043, 1075, 1109,
  1286
- Hotel *Deutsches Haus* (I) 364f.
siehe auch Berghof
Bergen-Belsen *siehe* Konzentrations-
lager
Berghof (Haus Wachenfeld) (I) 23, 42,
  363f., 443, 447, 674, 741, 906
  (II) 65f., 71f., 115f., 118f., 152,
  156, 159, 163, 165f., 213, 228,
  253, 259, 278, 281ff., 287, 289f.,
  299, 302, 408f., 415ff., 451, 462,
  489, 492ff., 497f., 504, 522, 674f.,
  712, 738, 757, 767f., 771, 794,
  797, 810, 824ff., 831ff., 835-840,
  843ff., 851, 858ff., 880, 959, 991,
  1009f., 1031, 1036, 1040f., 1094,
  1097, 1121, 1144, 1147f., 1181,
  1186f., 1203, 1241, 1243, 1246,
  1270, 1285
Berichew (II) 800
Berlin (I) 42, 61, 63f., 88, 118, 120,
  146, 182, 200, 208, 210, 225, 233,
  241, 244, 246f., 257, 261, 283,
  339, 346, 419, 425, 438, 452,
  464ff., 476, 482, 512, 514, 518ff.,
  534, 549, 579, 624, 645f., 657,
  665, 674, 683, 687, 692, 700, 704,
  721, 730, 734, 818, 820, 897
  (II) 45, 47, 60-63, 69, 71, 73, 76,
  110, 116, 122f., 125f., 148, 153,

157f., 174ff., 181, 187, 202, 220,
225, 231f., 234f., 239f., 254f., 277,
279, 281-284, 291, 293, 296f., 302,
304ff., 313, 316, 322, 329, 333,
360, 363, 372, 374f., 406, 412,
420, 429, 440, 446f., 449, 469,
480, 485, 487, 493, 520, 522, 567,
571, 580f., 590, 595f., 601, 604,
633, 643, 652, 665, 667f., 691,
703, 707, 736, 738, 744f., 750,
761, 768, 811, 820, 835ff., 869,
881, 883, 888-892, 902, 907, 962f.,
994f., 998, 1022, 1029-1037, 1048,
1058f., 1108, 1125, 1130, 1137,
1223, 1285
– Alexanderplatz (II) 1044, 1046
– Angriff der Roten Armee (I) 45
  (II) 983, 996, 1023, 1029, 1031f.,
  1034, 1036, 1041f., 1044, 1054,
  1060f., 1282f.
– Anhalter Bahnhof (I) 522 (II) 406,
  598
– Arbeiterviertel (I) 387
– Bendlerblock (II) 886ff., 892ff.,
  901f.
– Berliner Mauer (I) 16
– Bevölkerungswachstum (I) 64
– Bombenangriffe (II) 418, 485, 787,
  820f., 824, 851, 985, 995, 1002f.
– Brandenburger Tor (I) 527 (II) 890,
  1038, 1054, 1169
– Charlottenburg (I) 726 (II) 76, 1049
– Dahlem (I) 515, 518, 619 (II) 38
– Erster Weltkrieg (I) 134ff., 142
– Fackelzug 1933 (I) 550
– Fasanenstraße (II) 197, 262
– Flüchtlinge (II) 987, 1018f., 1037
– Flughafen Tempelhof (II) 47, 84,
  886, 1041
– Friedrichstraße (II) 1071
– Görlitzer Bahnhof (II) 235
– Hitlers Bauvorhaben (I) 454
  (II) 72ff., 406, 485, 925
– Hotel Adlon (II) 232
– Hotel Excelsior (I) 496
– Hotel Kaiserhof (I) 428, 450, 496ff.,
  522, 536, 550, 614, 858 (II) 530
– Invalidenstraße (II) 1072

– *Juden in Berlin,* Ausstellung (II) 261
– Juden, Judenverfolgung (I) 707
  (II) 186, 190, 192f., 204, 262, 435,
  467, 630ff., 640ff., 645f., 648, 683,
  727, 759, 1124, 1212, 1220
– Kaiserdamm (I) 570
– Karlshorst (II) 1074
– Krolloper (I) 589, 737f. (II) 230,
  410
– Kurfürstendamm (I) 707 (II) 193,
  197
– Lustgarten (I) 368, 537 (II) 35, 75,
  683, 1169
– Marzahn (II) 1032
– Moabit (I) 726
– »Nacht der langen Messer« (I) 648
– Nationalgalerie (I) 135
– NSDAP (I) 379, 413-416, 438,
  441f., 721
– Olympiastadion (II) 36
– Opernplatz (I) 611
– Philharmonie (II) 675, 836, 1218
– Pläne zum »Marsch auf B.« (I) 243,
  255, 257f., 260, 265, 268, 271
– Polizei (I) 441, 707f., 725, 871
  (II) 193
– Potsdamer Platz (II) 1046, 1054
– Präsidialpalais (I) 468, 522 (II) 447
– Reichstagsgebäude (I) 579, 737
– Ressentiments gegen B. (I) 219f.
– Revolution von 1918/19 (I) 146,
  152ff. (II) 632
– Rosenstraße (II) 1212
– Schillertheater (II) 210
– Spandau (I) 821 (II) 499, 1076
– Sportpalast (I) 389f., 418f., 438,
  454f., 484, 517, 535, 573-576,
  619f., 855 (II) 172-175, 177, 418,
  464, 536, 580, 582, 615, 655, 666,
  681, 692, 703, 706, 733f., 736,
  782, 820
– Staatsoper (I) 685, 693f. (II) 485,
  835
– Staatstheater (heute: Schauspielhaus
  am Gendarmenmarkt) (II) 333
– Stadtratswahlen 1928 (I) 405
– Stadtratswahlen 1929 (I) 405
– Stettiner Bahnhof (II) 328

- Streiks (I) 142, 450, 486f., 557, 871
- Synagogen, Zerstörung der (II) 197f., 262
- Technische Hochschule (II) 76
- Tempelhofer Feld (I) 602
- Tiergarten (II) 93
- Tiergartenstraße 4 (Organisation der Aktion T4) (II) 358
- Unter den Linden (II) 235, 485, 538, 801, 812, 835, 871
- Verteidigung Berlins (II) 983, 1006, 1028, 1032-1034, 1036f., 1040ff., 1044-1049, 1054, 1060ff., 1070
- Wannsee (II) 1023
- Wedding (I) 387
- Wilhelmstraße, -platz (I) 468, 550 (II) 174, 247, 272, 307, 738, 1048f.
- Zeughaus (II) 538, 871f.
- Zoologischer Garten (II) 1032
siehe auch Führerbunker, Kapp-Putsch, Olympische Spiele 1936, Reichskanzlei
Berliner Arbeiter-Zeitung (I) 379
Berliner Börsenzeitung (I) 450
Berliner Herrenklub (I) 512
Berliner Kongreß (1878) (II) 181, 247
Bern (I) 918 (II) 997
Bernburg (II) 359
Bessarabien (II) 297, 446, 507
Bethel (I) 619
Betriebsräte *siehe* Arbeiterräte
Bettler (I) 680
Beuthen (I) 476, 478
Bialystok (II) 503, 524, 551
Bielefeld (II) 630
Bildungsbürgertum (I) 112, 609
Birkenau *siehe* Vernichtungslager
Birmingham (II) 237, 241
Bismarck (Schlachtschiff) (II) 242, 504, 1189
Bismarckmythos (I) 114, 230f., 612
Bismarcktürme (I) 114
Bitterfeld (II) 677
Blau (Vorstoß zum Kaukasus) (II) 674, 677, 680, 688f., 692, 695
siehe auch Braunschweig
Der blaue Reiter (Künstlergruppe) (I) 119

Bleichröder, Bankhaus (II) 189
Blomberg-Fritsch-Krise (Jan./ Feb. 1938) (I) 665f. (II) 92-104, 107f., 115, 121, 132, 135, 140, 145, 154, 207, 259, 476, 877, 1105ff., 1109
Blondi (Hitlers Schäferhund) (I) 132, 791 (II) 737, 783, 794, 1004f., 1059f.
Blücher (Kreuzer) (II) 391
Blut und Boden (I) 421
Blutfahne (I) 358f.
Blutschutzgesetz *siehe* Nürnberger Gesetze
»Blutswert« (I) 370
Bobruisk (II) 854f.
Bochum (II) 764
Bodenpolitik (I) 326, 370
Bodenreform (I) 155, 182, 190
Böhmen und Mähren (I) 31, 66, 780 (II) 86, 226f., 429, 639ff., 645, 648, 763, 779f.
- als »deutscher Lebensraum« (II) 234f.
- Nationalsozialistische Bewegung (1904) (I) 179
- Hitlerjugend (I) 482, 506
Bolivien (I) 342, 437
Bolschewismus, Bolschewisten (I) 138, 158, 190, 293, 413, 486, 513, 516, 560, 586, 799 (II) 183, 432, 469f., 475, 509, 557, 562, 573, 592, 638, 640, 690, 722, 728, 791, 798, 820, 897, 918, 920, 987, 997, 1043, 1070, 1073, 1080f., 1154, 1173
siehe auch Antibolschewismus, Kultur-bolschewismus, Nationalbolschewismus, Russischer Bürgerkrieg
Bombenangriffe *siehe* Luftangriffe
Bonapartismus (I) 526
Bonn (I) 378 (II) 167, 984, 1077, 1152
siehe auch Universität Bonn
Bordeaux (II) 444
Börgermoor (Emsland), Strafgefangenenlager (II) 98
Borneo *siehe* Britisch-Borneo
Börsenkrach *siehe* »Schwarzer Freitag«

16 SACHREGISTER

Borsig-Werke (I) 241f.
Bosnien (II) 543
– Annexion (1908) (I) 775
Bottrop (II) 985
Boulogne (II) 1264
Boxheimer Dokumente (I) 458f.
Boxheimer Hof, Bürstadt a. d. Bergstraße (I) 458f.
Boykott vom 1. April 1933 (I) 537, 598ff., 609
Brabant (II) 682
Brandenburg (I) 380 (II) 359
Bratislava (II) 231f., 1020
Braunau a. Inn (I) 32, 37 (II) 127
– Gasthaus Streif (I) 37f.
– Gasthof *Zum Pommer* (I) 38
»Braunes Haus« *siehe* München
Braunhemd (I) 855
Braunschweig (I) 448, *533*
– Landeskultur- und Vermessungsamt (I) 455
Braunschweig (Vorstoß zum Kaukasus; zuvor *Blau*) (II) 695ff.
siehe auch Blau
Bremen (I) 585, 917 (II) 1258
– Bombenangriffe (II) 702
Bremen (Dampfschiff) (I) 716, 916
Brenner (I) 322 (II) 123, 395
Breslau (I) 423, 455, 597 (II) 76, 646, 982, 986f., 1007
Brest (II) 665, 937f., 1264
Brest Litowsk, Frieden von (1918) (I) 195, 322f., 519, 524
Bretagne (II) 935, 938
Brigade Ehrhardt (I) 205f., 822
Brigade Epp (I) 222
siehe auch Freikorps Epp
Britisch-Borneo (II) 438
Britische Flotte (I) 693, 696, 698-701 (II) 91, 219, 242, 275, 392, 434, 504
Britische Luftwaffe *siehe Royal Air Force*
Britisches Heer (II) 400f., 462, 504
– 8. Armee (II) 688, 702, 706f., 709, 716, 1219
– Expeditionsstreitkräfte (II) 400, 402, 486, 781, 1166, 1169

British Broadcasting Company (BBC) (II) 494, 780f., 1050, 1239
British Secret Service (II) 372, 375, 484, 494, 499, 1188f.
British Union of Fascists (II) 46, 409
The Britons (II) 431
Brjansk und Wjasma, Doppelschlacht von (II) 583, 1200
Bromberg (II) 336, 988
Bromberger Blutsonntag *siehe* Septembermorde
Bruckmühl (I) 790
Bruly-de-Pêche (II) 270, 402f., 405
Brüssel (II) 200, 402, 941, 951
Buchanan, Schloß (II) 492
Buchenwald *siehe* Konzentrationslager
Bücherverbrennung (10.5.1933) (I) 611
Bückeberg bei Hannover (II) 76
Budapest (II) 217, 826, 830f., 954-957, 980f.
– Zitadelle (II) 955f., 959
Bug (II) 297, 331, 339, 833
Bukarest (I) 35 (II) 441, 941f.
Bukowina (II) 446, 468, 507
Bulgarien (II) 448f., 478f., 481, 485, 530, 757, 784, 817, 936, 942, 954f.
Bund Bayern und Reich (I) 220, 226
Bund Blücher (I) 250
Bund deutscher Mädel (BDM) (I) 550 (II) 130, 201
Bund Deutscher Offiziere (II) 1242
Bund Oberland (I) 220, 226, 246, 250, 252, 258, 272, 822
Bundesrepublik Deutschland (I) 335
Burg Werfenstein (I) 85
Bürgerbräukeller *siehe* München
Bürgerbräukellerattentat *siehe* Attentate auf Hitler
Bürgertum (I) 63f., 95, 119, 293, 371f., 586, 642
siehe auch Bildungsbürgertum, Großbürgertum, Kleinbürgertum, Mittelstand
»Burgfrieden« (I) 127, 140, 243
Burgsinn (II) 202
Burgund (II) 366

Burma (II) 438
Buxtehude (I) 842
BVP *siehe* Bayrische Volkspartei

C
Cadiz (II) 49
Calais (II) 848, 1108, 1264
Caputh (I) 467
Casablanca (II) 439
Casablanca, Konferenz von
 (14.-24.1.1943) (II) 752, 978, 1234
Cäsarismus (I) 114
Celle (II) 993
Central-Verein deutscher Staatsbürger
 jüdischen Glaubens (I) 509
Champagne (I) 136
Charkow (II) 553f. , 558, 561, 678,
 681f., 689, 752f., 756, 1224
Charleville (II) 401
Chelmno *siehe* Vernichtungslager
Chemnitz (I) 537
Chemnitz-Zwickau (I) 423
Cherbourg (II) 848ff., 853, 938, 941,
 1264
Chiemsee (I) 466 (II) 745
China (II) 62, 84
Chotin (II) 620
Christentum, Christen (I) 68, 90, 101,
 104, 220, 231, 304, 357, 557f.,
 583, 591, 836 (II) 66, 79, 376,
 572f., 603, 648f., 1185
siehe auch Christianisierung
Christianisierung (I) 73
Christlichsoziale Partei (I) 69, 102
Cobra (Alliierter Angriff auf Avran-
 ches) (II) 935
Coburg (I) 227f., 395
siehe auch Deutscher Tag (Coburg)
Coburger National-Zeitung (I) 484
Comines (I) 136
Compiègne, Wald von (II) 404, 712
Consul (I) 219
Cossack (brit. Zerstörer) (II) 390
Cotentin, Halbinsel (II) 846, 848, 850
Cottbus (II) 1028, 1033
Coventry, Bombardierung von
 (14. Nov. 1940) (II) 419, 1173
Cremona (II) 773

Croydon, Flughafen (II) 164
Cyrenaika (II) 545

D
Dachau (I) 587f., 648
siehe auch Konzentrationslager
DAF *siehe* Deutsche Arbeiterfront
The Daily Mail (I) 426f., 688
Daimler-Benz-Konzern (I) 242, 542
Dakar (II) 439, 442, 445
Dalmatinische Inseln (II) 936
Dänemark (II) 390f., 399, 548, 1073,
 1167, 1270
– Juden, Judenverfolgung (II) 784f.
siehe auch Weserübung
Dänische Armee (II) 391
Danzig (I) 324, 482, 683 (II) 111f.,
 218f., 227, 236, 238, 241ff., 245,
 255, 273, 284ff., 288, 305f., 308ff.,
 312, 316, 329, 332, 346, 814,
 1016, 1103, 1133, 1279
Danzig-Westpreußen, Reichsgau
 (II) 332, 345, 426, 1077
DAP *siehe* Deutsche Arbeiterpartei
Dardanellen (II) 448
Darmstadt (II) 1016
Darmstädter Bank (I) 448
Davos (II) 194
Dawes-Plan (1924) (I) 267, 333, 395,
 419
DDP *siehe* Deutsche Demokratische
 Partei
Deflationspolitik (I) 412, 460
Demokratie (I) 68, 109, 117, 146,
 153, 180, 187, 232, 244, 346, 368,
 370, 386, 389ff., 412, 414, 420,
 424, 448, 511, 525, 562 (II) 23,
 229, 871
– antidemokratische Ressentiments
 und Angriffe (I) 67, 85, 180, 219,
 335, 378f., 405, 419, 504, 524f.,
 553, 559, 630
– demokratische Staaten (I) 22, 403f.,
 623, 685, 702, 733, 740 (II) 15f.,
 27, 61, 132, 142, 148, 255, 290,
 298, 1145, 1148
– »germanische« D. (I) 377
– u. Industrielle (I) 335, 451

18 SACHREGISTER

– parlamentarische D. (I) 110f., 153,
231, 235, 244, 418, 523, 575,
609
– u. Wirtschaftskrisen (I) 526
siehe auch Antiparlamentarismus,
Demokratisierung, Pluralismus
Demokratisierung (I) 110f., 153
(II) 875
Denunziation (I) 157, 164, 237, 508,
597, 666f., 685, 890 (II) 189, 325,
1260
Deportation (II) 339, 348, 381, 429,
468f., 527, 549, 619, 630, 636,
640, 767, 1155, 1177, 1195
siehe auch Generalplan Ost, Juden-
deportation, »Umsiedlung«
Dessau (II) 195
siehe auch Bauhaus
Deutsch-britisches Flottenabkommen
(18.6.1935) (I) 701, 913 (II) 18, 58,
255
Deutsch-Englische Gesellschaft (II) 501
Deutsch-österreichisches Abkommen
(11.7.1936) (II) 59f., 85, 111f., 114,
1096
Deutsch-Nationale Volkspartei
(DNVP) (I) 180, 222, 243, 283,
387f., 392, 395, 405, 411, 422f.,
425, 448, 454, 480f., 485ff., 489,
515f., 519, 556, 584, 604f.
Deutsch-polnischer Nichtangriffspakt
(26.1.1934) (I) 624, 682ff., 738
(II) 218, 255f., 273, 330
Deutsche Arbeiterpartei von 1904,
Sudetenland (I) 179
Deutsche Arbeiterpartei (DAP) (I) 149,
200f., 311f., 799, 802
– erste Massenveranstaltung
(24.2.1920) (I) 185f., 188-192, 300
– Hitlers Beitritt (I) 151, 170ff., 175,
181, 185, 201, 799, 807
– Parteiprogramm (24.2.1920)
(I) 186, 188-193, 196, 200, 210ff.,
300, 350-354, 357f., 373, 382, 385,
704, 706, 708, 710, 799, 854
(II) 75, 82, 110, 797, 825, 1007,
1009, 1132
– Umbenennung in NSDAP (I) 804

Deutsche Arbeitsfront (DAF) (I) 603,
674f. (II) 736, 1075
siehe auch Kraft durch Freude
Deutsche Bank (II) 189
»Deutsche Christen« (I) 549, 618f.
Deutsche Demokratische Partei (DDP)
(I) 449, 604
siehe auch Staatspartei
Deutsche Gotteserkenntnis (I) 837
Deutsche Kolonien *siehe* Kolonien,
deutsche
Deutsche Nationalsozialistische
Arbeiterpartei (DNSAP) (I) 179
Deutsche Studentenschaft (I) 611
»Deutsche Volksliste« (II) 347
Deutsche Volkspartei (DVP) (I) 254,
405f., 410, 422, 481, 487, 604
Deutsche Volkspartei, Österreich
(I) 99
Deutsche Werkgemeinschaft (I) 210,
228, 812
Deutsche Zeitung (I) 217f., 809
Deutscher Adlerorden (II) 604, 690
Deutscher Ärzteverband (I) 510
»Deutscher Bruderkrieg« (1866) (I) 65
Deutscher Bund (I) 66
»Deutscher Gruß« (I) 246, 375, 377,
457, 608, 613, 697, 726, 845
(II) 37, 39, 59, 129, 918, 1000,
1028, 1073
Deutscher Kampfbund (I) 252f.,
256-260, 262, 268, 274, 288, 341,
819, 821f.
Deutscher Ritterorden (I) 324
»Deutscher Tag«, Coburg
(14./15.10.1922) (I) 227f.
»Deutscher Tag«, Nürnberg
(1./2.9.1923) (I) 252, 314
Deutscher Volkswille (I) 228f., 812
Deutsches Kaiserreich (von 1871)
(I) 83, 109-117, 419, 588, 860
(II) 874
– Eugenik (I) 178
– Flotte (I) 116f., 699
– in Hitlers außenpolitischem Denken
(I) 325f.
– Konstitutionelle Reformen (I) 111
– Kulturpessimismus (II) 24

– Minderheiten (I) 112, 115, 117
– Politische Kultur (I) 111, 230, 526, 551
– Nationalismus, Nationalbewußtsein (I) 111-117, 324, 551
– Reichsgründung (I) 112f., 588
– Reichstag (I) 110, 114, 141, 588
– Regierung (I) 110, 595
– Verfassung (I) 110ff.
siehe auch Erster Weltkrieg, Kolonien, Wilhelminismus
Deutsches Nachrichtenbüro (DNB) (I) 715 (II) 1127
Deutsches Turnfest 1923 (I) 251f.
Deutsches Volksblatt (I) 97, 102f., 771
Deutschkonservative Partei (I) 116, 180
Deutschland (Schlachtschiff) (II) 83, 90, 240, 1138
»Deutschland erwache« (I) 574
»Deutschland über alles«
siehe Deutschlandlied
Deutschlandberichte der Sozialdemokratischen Partei Deutschlands (Sopade) (I) 640, 654f., 721, 741f. (II) 12
Deutschlandlied (I) 128, 344, 457, 574 (II) 36f., 733
Deutschnationale Front (DNF) (I) 604
Deutschnationaler Handlungsgehilfenverband (I) 181
Deutschradikale Partei (I) 91
Deutsch-sowjetischer Freundschaftsvertrag (28.9.1939) (II) 331f.
Deutsch-sowjetischer Nichtangriffspakt (23.8.1939) (II) 267, 290ff., 294, 296ff., 300, 303, 306, 319, 388, 396, 438, 447f., 509, 511f., 569, 1147f., 1162
– Geheimes Zusatzprotokoll (II) 297f., 329, 331
– Reaktionen der Westmächte (II) 292, 298
Deutschsozialistische Partei (DSP) (I) 182, 228, 229
– Fusionsabsichten mit NSDAP (I) 182f., 208-212
– Programm (I) 189f., 192, 228

Deutschvölkische Freiheitspartei (DVFP) (I) 283-287, 340, 346, 380f., 387, 612
Deutschvölkischer Schutz- und Trutzbund (I) 181f., 189, 203, 227, 807
Dienstelle Ribbentrop (II) 62
Dieppe (II) 703, 868, 1264
Dirschau (II) 312
Ditchley-Park, Oxfordshire (II) 491
Djibouti (II) 441
DNB *siehe* Deutsches Nachrichtenbüro
DNF *siehe* Deutschnationale Front
Dnjepr (II) 461, 555, 558, 584, 776, 780, 783f., 800, 817f.
Dnjestr (II) 620, 832f.
DNSAP *siehe* Deutsche Nationalsozialistische Arbeiterpartei
DNVP *siehe* Deutsch-Nationale Volkspartei
Dolchstoßlegende (I) 137f., 154, 159, 182, 247 (II) 366, 376, 684, 866, 908, 912, 976, 1259
Döllersheim (I) 31f., 34
Dollfußmord (25.7.1934) (I) 657f., 733, 912 (II) 110f.
Don (II) 561f., 584, 692, 695, 697, 706, 717
Donau (I) 85 (II) 232, 584, 942, 980, 1015
Donezbecken (II) 554f., 558, 561f., 675, 752, 780
Donnerschlag (II) 715
Doorn (I) 786
Dortmund (II) 764, 985
Dover (II) 1247
Dragoon (Invasion der frz. Mittelmeerküste) (II) 940
»Dreierausschuß« (II) 741-744, 747ff., 751
Dreimächtepakt (27.9.1940) (II) 439, 441, 447f., 478, 480, 483, 597
Dresden (I) 182 (II) 40, 674, 991, 1270
– Altmarkt (II) 989
– Bombardierung (II) 985, 989, 1007
– Technische Universität (II) 991
Dresdner Bank (I) 448 (II) 189

Drittes Reich (Begriff) (I) 860
DSP *siehe* Deutschsozialistische
  Partei
Duisburg (II) 1022
– Bombenangriffe (II) 702, 764
Dünaburg (II) 524
Dünkirchen (II) 400ff., 486, 1168f.
Düsseldorf (I) 182, 512 (II) 201, 983,
  1014, 1080
– Bombenangriffe (II) 702, 764
– Parkhotel (I) 451
DVFP *siehe* Deutschvölkische Frei-
  heitspartei
DVP *siehe* Deutsche Volkspartei

E
Ebermannstadt, Kreis (II) 311
Eberswalde (II) 1023
Ecuador (II) 192, 431
Eher-Verlag (I) 301 (II) 405
Eifel (II) 399, 963, 989
Eindhoven (II) 941
Einkreisung (I) 624, 685 (II) 61, 242,
  255, 458, 511
Einsatzgruppen (II) 619-626, 646,
  777, 1154, 1207ff.
– u.»Anschluß« (II) 334, 340
– Einsatzgruppe A, B, C, D (II) 619f.,
  623, 625
– Einsatzkommando 3 (II) 620, 625,
  1207
– Polen (II) 334f., 337f., 340
– Tschechoslowakei (II) 334, 340
– Sowjetunion (II) 504f., 617, 619
– u. Wehrmacht (II) 621f., 624
siehe auch Sonderkommandos
Einsatzkommandos *siehe* Einsatz-
  gruppen
Einwohnerwehren (I) 201, 219-223,
  246, 249
Eisen- und Stahlindustrie (I) 390
  (II) 112f., 160
Eiserne Faust (I) 200
Eiserner Vorhang (I) 16
Eisernes Kreuz (I) 131, 136, 228, 272,
  694, 792 (II) 165, 646, 822
Eisnermord (21.2.1919) (I) 151, 154f.,
  266, 795

El Alamein (II) 702, 706
Elbe (II) 619, 1033, 1036, 1041f.
Elberfeld (I) 349
Elbrus (II) 697
Elitentheorie (I) 178
Elsaß-Lothringen (I) 135f. (II) 271,
  425, 435, 874, 968
Emigration, Emigranten (II) 122, 485
– Aufnahmeländer (II) 191, 204ff.
– jüdische (I) 608, 610, 703 (II) 81,
  187, 191, 193f., 200, 204ff., 213,
  433, 436, 629, 653, 675, 1101,
  1125, 1132, 1175
– Kommunisten (I) 603 (II) 1229,
  1242
– kulturelle (I) 607f., 610
– Maßnahmen zur Beschleunigung
  (II) 81f., 187, 191, 193f., 200, 206,
  208, 213
– »preußische E.« in Bayern (I) 220
– russische E. in Deutschland (I) 205,
  241, 322, 378
– Sozialdemokraten (I) 603f., 654
Endlösung (I) 9 (II) 212, 348, 433,
  468f., 534, 619, 635, 638, 643,
  647, 649, 652ff., 687, 731, 784f.,
  787, 804, 841, 957, 1056, 1076
– Entscheidung über Endlösung
  (II) 628f., 635, 640, 656, 1209-
  1212
– Hitlers Rolle (II) 647, 649, 654,
  656, 684ff., 1209-1212, 1214f.,
  1221
siehe auch Judenvernichtung, Mada-
  gaskar-Plan, Wannseekonferenz
Endsieg (II) 185, 407, 567, 572, 651,
  674, 753, 791, 841, 859, 866, 899,
  968, 1018, 1042
England *siehe* Großbritannien
»Entartung« (I) 114, 116
Enteignung (I) 385
– Fürstenenteignung (I) 353f.
»Entgegenarbeiten« (I) 436, 554, 663,
  665ff., 669, 675f., 748 (II) 41, 57,
  63, 79, 82, 108, 145, 189, 205,
  253, 327, 345, 350, 358, 382, 413,
  421, 424, 426, 474, 627, 677, 756,
  824, 901, 1077

DRITTES REICH – EUROPA **21**

siehe auch »Führerstaat«
»Erbfeind« *siehe Frankreich*
Erbkrank (Stummfilm 1936) (II) 354
»Erblehen« (I) 352
Erdöl   siehe Rohstoffe
Erlangen (I) 393
Erfüllungspolitik (I) 206, 561, 624,
   814
Ermächtigungsgesetz (23.3.1933)
   (I) 489, 491, 521, 555ff., 589-593,
   617, 659, 891f. (II) 1099
Ernährungskrise (I) 671, 724-731
   (II) 16f., 88
Ersatzstoffe   siehe Autarkie
Erster Weltkrieg (I) 87, 109ff., 112,
   117f., 126, 137ff., 143, 153, 178f.,
   230, 254, 303, 308f., 323, 392f.,
   505, 525ff., 671, 673, 694, 771,
   792 (II) 7, 15, 23f., 65, 69, 100,
   107, 109, 119, 141, 275, 325, 346,
   390, 405, 484, 490, 505, 567, 610,
   623, 866, 1008, 1072
– Antisemitismus (I) 101
– u. Hitlers Aufstieg (I) 109-111,
   117f.
– Hitlers Beförderung (I) 126, 130
– in Hitlers Denken (I) 25, 102, 106f.,
   125, 127, 133, 138, 142f., 386
   (II) 211, 320f., 346, 404f., 546,
   648f., 708, 735, 788, 791, 794,
   908, 910, 962, 975
– Hitlers Eiserne Kreuze (I) 131, 136
– Hitlers Kriegserfahrungen (I) 126,
   128-135, 138, 142, 791 (II) 546
– Hitler in Pasewalk (I) 102, 137,
   791, 794, 908, 910, 962, 975
– Hitlers Verwundungen (I) 134f.,
   137, 484, 794
– Ideen von 1914, Geist von 1914
   (I) 127, 140 (II) 325
– Juden u. E. (I) 135, 141
– Kriegsbegeisterung (I) 126ff., 134,
   183, 308 (II) 175
– Kriegsschuld (I) 168, 181, 396
   (II) 77, 650
– Stimmung an der »Heimatfront«
   (I) 139, 142, 153
– Streiks (I) 139f., 142, 154, 345

– Versorgungsengpässe (I) 139, 153
– Waffenstillstand von 1918 (I) 137,
   146, 153, 191 (II) 404, 712
siehe auch Annexionisten, Brest-
   Litowsk, Burgfrieden, Dolchstoß-
   legende, Fronterlebnis, Reichswehr,
   Tannenberg, Versailler Vertrag,
   Compiègne
»Erstes Reich«   *siehe* Heiliges Römi-
   sches Reich
Erwerbslosigkeit   *siehe* Arbeitslosigkeit
Erzbergermord (26.8.1921) (I) 224
Essen (I) 244 (II) 985, 1020
Esterwalde (II) 1033
Estland (II) 276, 628
Ethnische »Säuberung« (II) 334, 336,
   341, 343, 348, 428, 472, 635, 1157
siehe auch Germanisierung
Ettlingen (I) 502
Eugenik, Eugenikbewegung (I) 114,
   116, 510, 615 (II) 326
siehe auch Zwangssterilisation
Eupen-Malmedy (II) 874
Europa (I) 16, 20, 77, 118, 125, 127f.,
   178, 232, 326, 334, 354, 378, 524,
   622, 624, 667, 681, 690, 693, 702,
   729, 739 (II) 9f., 22, 28, 33f., 40,
   45, 47, 50, 53f., 64, 78, 81, 88,
   101, 120, 133, 167, 183, 185, 214,
   220, 237, 273, 275, 281, 315, 321,
   345, 372, 432ff., 449, 452, 458,
   477, 499ff., 506ff., 511, 514, 524,
   526, 528, 532, 546, 558, 562, 570,
   591, 602, 617, 624, 628f., 633ff.,
   652, 672, 680f., 721, 727, 753,
   759, 843, 874, 909, 911, 921, 992,
   999, 1006, 1010f., 1022, 1044,
   1065, 1080, 1082, 1162, 1215
– deutsche Hegemonie (I) 25, 120,
   352 (II) 8, 26, 28f., 31, 51, 90f.,
   108, 111, 133, 138, 186, 224, 229,
   325, 379, 414, 416, 455, 458, 468,
   582, 622, 760, 842, 875, 974,
   1107, 1138, 1179
– Kriegsgefahr 1938 (II) 140, 142,
   144, 165f., 170, 177, 211
siehe auch Neuordnung Europas,
   »Vereinigte Staaten von Europa«

22 SACHREGISTER

Euskirchen (II) 399
»Euthanasie« (II) 350-356, 618, 1161
– Hitlers Ansichten (II) 350-354, 357, 1160
– Weimarer Republik (II) 351f.
siehe auch »Euthanasieaktion«, »Kindereuthanasie«
»Euthanasieaktion« (I) 383, 647
(II) 327, 349ff., 355-359, 361, 381, 427, 572, 574-580, 639, 1077, 1161, 1240
– Gaskammerwagen (II) 359, 643
– Geheimhaltung (II) 357ff., 575, 578, 687, 1161, 1221f.
– u. Krieg / Völkermord (II) 349, 354f., 357, 580, 643
– Opferzahlen (II) 359, 579f.,
– T4 (Bezeichnung) (II) 358, 1161
»Evakuierung« siehe Judendeportation
Evangelische Kirche (I) 231, 424, 548f., 552f., 592, 632, 655, 706, 722, 897 (II) 65, 78, 206, 357
– Hitlers Haltung (I) 618 (II) 78
– Kirchenautonomie in Bayern u. Württemberg (I) 722f.
– »Reichskirche« (I) 618f., 722
Evian, Konferenz von (6.-4.7.1938) (II) 204, 1176
Der ewige Jude (Ausstellung; 8.9.1937-31.1.1938) (II) 261
Der ewige Jude (Propagandafilm 1940) (II) 344, 435, 456, 1158, 1176, 1180
Exeter (II) 672
Experten, wissenschaftliche (II) 345, 350f., 358f., 580, 1077
Export (I) 560, 567f., 638, 724, 727 (II) 19, 41f., 223, 528, 545
Expressionismus (I) 334, 608

F

Falaise, Kessel von (II) 938f., 941
Fall Barbarossa, Blau, usw. siehe Barbarossa, Blau, usw.
Fallersleben (II) 281
Familie (I) 557f.
Faschismus (I) 178, 232, 322, 845 (II) 50, 59, 83, 721, 757, 776

siehe auch Austrofaschismus, Italien, Pfeilkreuzpartei
Februarrevolution siehe Russische Revolution von 1917
Felix (Angriff auf Gibraltar) (II) 463
Felsennest siehe Führerhauptquartier
Felsenstein, Schloß (II) 492
Feltre (II) 771f.
Feminismus (I) 85, 507
Ferner Osten (I) 695 (II) 45, 61, 85, 456, 482, 665, 853
Fernsehen (II) 39
Feuerzauber (Hilfsaktion für Franco) (II) 49
Film, Filmindustrie (I) 607, 671f., 707 (II) 71, 159, 168, 232, 283, 521, 650, 844, 928, 1158
Finnischer Krieg (II) 388, 390, 417, 446
Finnland (I) 652 (II) 297, 390, 446-449, 541, 558, 826, 852, 943, 1222f., 1243
– Hitlers Besuch (4.6.1942) (II) 690f.
– Kriegserklärung an die UdSSR (25.6.1941) (II) 1223
Fischlham (II) 281
– Ortsteil Hafeld (I) 44
Flaggengesetz siehe Nürnberger Gesetze
Flandern (I) 129f., 134f., 137 (II) 405, 585, 610, 682
Fleinhausen (I) 228
Flensburg (I) 652 (II) 1072ff.
Flick (Konzern) (II) 189
Florenz (II) 260, 444, 446
Flottenverein (I) 116f.
Folter (I) 577, 583, 631, 908 (II) 133, 722, 903f.
Fontainebleau, Schloß (I) 633
Foxl (Hitlers Hund) (I) 132, 308f.
Fournes (I) 130, 308f., 789
Franken (I) 221, 228f., 256, 267, 387, 423f., 598, 612, 703, 722 (II) 284, 571, 749, 1076
Frankfurt a. d. Oder (II) 983, 1023
Frankfurt a. Main (I) 182 (II) 193, 646, 1016f.
Frankfurter Zeitung (I) 386, 424, 597, 609, 642

Frankreich (I) 110, 166, 197, 242,
251, 404, 564, 647, 682, 685,
688ff., 738, 885 (II) 15, 27, 47, 50,
91f., 138, 150, 153, 161, 219f.,
294, 321, 361, 378f., 400, 434,
438, 440, 582, 675, 727, 857f.,
922, 935, 937, 940, 968, 1107,
1133, 1163, 1166, 1168f., 1179,
1226
- u. Abessinieninvasion (I) 702, 733
- Abrüstungsgespräche (1933)
  (I) 620-623
- Antisemitismus (I) 115
- Außenministerium (II) 178, 289
- u. Belgien (I) 691
- Besetzte Zone (II) 405
- u. Einführung der Wehrpflicht in D.
  (I) 694f.
- »Erbfeind«, Feindbild (I) 114, 242,
  321, 354, 429, 691
- »Freies Frankreich« (II) 443, 445,
  1175
- u. Großbritannien (I) 682, 733
  (II) 168, 172, 174
- in Hitlers Denken (I) 321, 323, 325,
  354, 560 (II) 88f., 363, 398
- u. Italien (I) 698 (II) 89, 396
- Juden (II) 466, 645
- Kriegserklärung an Deutschland
  (3.9.1939) (II) 314, 320, 1152
- u. Napoleon (II) 9
- Nationalversammlung (I) 691, 733,
  735, 922
- u. Österreich (I) 698 (II) 119, 122
- u. Osteuropa (I) 624, 682
- u. Polen (I) 682f. (II) 238, 244, 276,
  288ff., 292, 300, 303f., 387
- u. Saarland (I) 686f.
- Senat (I) 735f., 922
- Regierung (I) 599, 733 (II) 122,
  164, 217, 292, 314, 387, 1176
- Remilitarisierung des Rheinlands
  (I) 732-734, 740, 922 (II) 8, 33, 41,
  136, 1107
- Ruhrbesetzung (I) 242ff., 248,
  254
- u. Sowjetunion (I) 685, 698, 735
  (II) 277, 292

- u. Tschechoslowakei (II) 89, 133,
  138, 143, 147f., 151-154, 164,
  167f., 172, 174, 176-179, 236, 238,
  248, 1104, 1121
- Widerstand (II) 868, 940, 1246
siehe auch Frankreichfeldzug, Franzö-
  sische Flotte, Französisches Heer,
  Französisch-sowjetisches Bündnis,
  Vichy-Frankreich
Frankreichfeldzug (I) 25 (II) 275, 389,
  400, 569, 899, 974
- deutscher Angriff (II) 363f., 387,
  402f., 1162
- Waffenstillstand mit Deutschland
  (22.6.1940) (II) 403ff., 433
- Waffenstillstand mit Italien
  (24.6.1940) (II) 405
siehe auch Compiègne, Westfeldzug
Franz-Eher-Verlag siehe Eher-Verlag
Franziskaner (II) 79
Französisch-Algerien (II) 407, 440,
  711
Französisch-Äquatorialafrika (II) 445,
  584
Französisch-Indochina (II) 438
Französisch-Marokko (II) 440, 464,
  752
Französisch-sowjetisches Bündnis
  (1935) (I) 698, 733, 735f., 738
  (II) 48
Französische Armee (II) 379, 392,
  400, 402f., 1162
siehe auch Französche Flotte, Franzö-
  sisches Heer
Französische Flotte (I) 699 (II) 403,
  407, 1170
Französische Revolution (I) 550
- »Ideen von 1789« (I) 609
Französisches Heer (I) 243f.
- 7. Armee (II) 711
Frauenarbeit (II) 735, 740f., 929
Frauenbild (I) 85
- Hitlers (I) 78f.
siehe auch Feminismus, Misogynie
Freiburg siehe Universität Freiburg
Freie Gewerkschaften (I) 691f.
Freier Arbeiterausschuß für einen
  guten Frieden (I) 183

24 SACHREGISTER

Freies Deutschland (II) 800, 1242
Freikorps (I) 139, 154, 163, 218f.,
    244, 355, 432, 439, 594 (II) 168,
    346, 356
– »Befreiung Münchens« (I) 151f.,
    156ff., 164, 248, *310*
Freikorps Adolf Hitler (II) 1019f.
Freikorps Epp (I) 220, 222
siehe auch Brigade Epp (Nachfolge-
    organisation)
Freimaurer, Freimaurertum (I) 347,
    680 (II) 59, 186, 346, 774, 900
Freinberg (I) 765 (II) 282
Freising (I) 260
Freiwilligenverbände (I) 201, 218f.
»Fremdarbeiter« (II) 223, 428, 741,
    919f., 929, 951
Freudenstadt (II) 271
»Friedensrede« Hitlers *siehe* Reichs-
    tag
Fritsch-Krise *siehe* Blomberg-Fritsch-
    Krise
Fritz (später *Barbarossa*) (II) 1172
Fromelles (I) 130, 134, 789
Frontbann (I) 288, 293, 295, 829
Fronterlebnis (I) 138f., 221, 231
Führerbunker (I) 97, 350, 357
    (II) 1003ff., 1017, 1020, 1027f.,
    1034-1040, 1043-1046, 1048,
    1050, 1053ff., 1059f., 1063,
    1067ff., 1070f., 1081, 1287f.
Führergeburtstag (20.4.) (I) 612
    (II) 75, 247ff., 253, 263, 266, 485,
    835f., 1023, 1027-1031, 1038,
    1282
Führerhauptquartier (II) 328, 485,
    530, 567, 580, 584, 637, 738, 749,
    821f., 851, 858, 879, 899, 901,
    907, 927, 936, 948, 962, 1192,
    1202, 1214, 1216, 1221, 1223
– Adlerhorst (II) 964, 979, 994, 1003,
    1241
– Felsennest (II) 399
– Margival (II) 849
– Tannenberg (II) 271, 406
– Werwolf (II) 692f., 700, 702, 734,
    745, 1220, 1223, 1226
– Wolfsschanze (II) 449, 520-523,

525, 531, 533, 540f., 548, 551,
    556, 559ff., 567, 578, 582, 585,
    591-594, 596, 604, 609f., 612, 617,
    626, 631, 638, 640f., 648ff., 659f.,
    662, 664, 666, 668, 670, 689,
    691ff., 713, 716f., 719ff., 725, 738,
    763, 769, 771, 773-776, 780, 782f.,
    787, 797, 799f., 809, 820, 824f.,
    858ff., 866, 881f., 886-891, 903,
    906, 916, 922, 924f., 941, 955,
    957, 959, 962, 1217, 1226, 1232,
    1241, 1253, 1255
– Wolfsschlucht (II) 269, 402, 405f.
Führerkanzlei (I) 847 (II) 355-358
– Amt II (ab 1939: Hauptamt) (II) 356
Führerkult, Führermythos (I) 144,
    171, 176, 186, 229-236, 245, 274,
    279f., 282, 299, 302, 318f., 327-
    331, 336f., 351, 361f., 370f., 376-
    382, 393f., 399, 420f., 431, 456,
    494, 511, 527, 539, 554, 569, 571,
    609-612, 615, 641, 662, 667, 677,
    743, 813f. (II) 23, 66f., 145, 247ff.,
    254, 282, 318, 321, 496f., 558,
    574, 717, 729, 734, 798, 912, 973,
    1001f., 1080
siehe auch Führerprinzip, *Heroische
    Führerschaft*
Führermythos *siehe* Führerkult
Führerprinzip (I) 180, 187, 190, 213,
    335, 377, 381, 390
siehe auch Führerkult
»Führerstaat« (I) 613, 662, 665
    (II) 567, 674, 739, 749
– Autonomie / Autorität Hitlers
    (I) 678 (II) 144f., 318f., 360, 420,
    568, 747, 795, 798, 975
– Bemühen um Reichsreform (I) 677
    (II) 1102
– Gesetzgebung (I) 670, 677, 421f.
    (II) 568
– Hitlers Führungsstil (I) 671-676
    (II) 210, 318, 340f., 751, 795f.
– Kabinett (I) 669f. (II) 319, 420,
    422ff., 739, 795
– Mißwirtschaft (I) 673
– Zugang zu Hitler (I) 670f., 675
    (II) 318, 424, 751

siehe auch Korruption, Polykratie,
»Entgegenarbeiten«
500-Millionen-Programm (I) 564
Fünfjahresplan (II) 58, 1095
25-Punkte-Programm *siehe* DAP,
NSDAP
Fürstenberg (I) 464
Fürstenenteignung *siehe* Enteignung,
Volksabstimmung
Fürth (II) 758, 1235
Fuschl (II) 774
Fuschlsee (II) 289
Das Futuristische Manifest (I) 127

G

Galizien (I) 64, 68 (II) 654, 832
Garantieerklärung für Polen (durch
Großbritannien; 31.3.1939)
(II) 215, 238, 241f., 244, 256, 277,
285, 292, 299ff., 305, 307, 330,
763, 1138, 1149
Gardasee (II) 783
Gargzdai (II) 620
Garmisch-Partenkirchen *siehe* Olym-
pische Spiele 1936
Gasthaus Wiesinger (I) 49
Gatow, Flughafen (II) 1031, 1037,
1041
Gaukönigshofen (II) 201
Gazala (II) 1219
Geburtenrate (I) 116 (II) 88
Gefolgschaftsverhältnis (I) 674
– »germanisches« (I) 331, 377
– mittelalterliches (I) 344, 377
Geheime Staatspolizei (Gestapo)
(I) 36, 125, 631, 637, 643, 645,
653, 666, 679, 705, 709, 782, 855,
907f. (II) 82, 94, 99, 133, 145,
360, 575ff., 683, 723, 780, 868,
874, 889, 919, 1100, 1135,
1260
– Vorgehen gegen Juden (I) 706
(II) 189, 197f., 200, 205, 1128
– Vorgehen gegen Kommunisten
(I) 921 (II) 17
– Vorgehen gegen Widerstand (II) 17,
362, 370, 724, 876, 880, 903, 919,
1100

siehe auch Geheimes Staatspolizeiamt
Geheimes Staatspolizeiamt (Gestapa)
(I) 678
»Geisel«-erschießungen (II) 334, 648,
1220
Geisteskranke (I) 116, 510
(II) 349-354, 357ff., 427, 572, 575f.
Gelb (Angriff im Westen) (II) 365,
393f.
Gelsenkirchen (II) 677, 985
»Gemeinnutz vor Eigennutz« (I) 190
Gemeinnützige Krankentransport-
gesellschaft (II) 358, 578, 1161
Gemeinnützige Stiftung für Anstalts-
pflege (II) 1161
General Electric (Konzern) (I) 395
Generalgouvernement (I) 193 (II) 332,
338, 340, 348, 381, 426, 429ff.,
434ff., 467ff., 497, 617, 629f., 634,
639, 648, 652, 654f., 685, 767,
944, 1157, 1177, 1221, 1240
Generalkommissariat Weißruthenien
(II) 550, 646
Generalplan Ost (II) 619, 634, 1195,
1207
siehe auch Neuordnung Europas
Generalstaatskommissariat *siehe*
Bayern
Generalstab des Heeres (II) 101, 149,
153, 155, 157, 181, 371, 380, 461,
481, 552, 561, 564, 589, 695, 701,
714, 882, 899f., 911, 979, 982,
1010, 1015, 1023, 1061, 1172
siehe auch Oberkommando des Heeres
(OKH)
Genf (I) 522, 896
Genfer Abrüstungskonferenz (I) 520,
559, 564, 620-624, 641, 688, 697
Genfer Konventionen (II) 519, 1007,
1182
Genozid *siehe* Völkermord
Genua (II) 775
Geopolitik (I) 206, 324f., 501
George-Kreis (II) 877
Gera (I) 642
Gereke-Programm *siehe* Sofort-
programm zur Arbeitsbeschaffung
Germanen-Orden (I) 183

26 SACHREGISTER

Germanenkult (I) 87, 180, 611f.
(II) 592
siehe auch Germanenmythologie
Germanenmythologie (I) 73ff., 77, 85,
230, 432 (II) 10
– Gefolgschaftsverhältnis (I) 331, 377
siehe auch Germanenkult
Germania (geplante Reichshauptstadt)
(II) 77, 247, 406
Germania-Monument, Niederwald
(I) 113
Germanisierung (I) 560, 622 (II) 270,
232, 327, 339, 346ff., 428, 603,
634, 1158
siehe auch Generalplan Ost
*Gesetz gegen die Neubildung von
Parteien* (14.7.1933) (I) 605, 613
*Gesetz über das Staatsoberhaupt des
Deutschen Reiches* (2.8.1934)
(I) 660
*Gesetz über die Wiedervereinigung
Österreichs mit dem Deutschen
Reich* (13.3.1938) (II) 129,
1113
Gesetz zum Schutz der Republik
(18.7.1922) (I) 273, 819, 826
*Gesetz zum Schutze des deutschen
Blutes und der deutschen Ehre
siehe* Nürnberger Gesetze
*Gesetz zur Behebung der Not von
Volk und Reich siehe* Ermächti-
gungsgesetz
*Gesetz zur Minderung der Arbeits-
losigkeit* (1.6.1933) (I) 579f.
*Gesetz zur Verhütung erbkranken
Nachwuchses* (14.7.1933) (I) 615ff.
(II) 353
*Gesetz zur Wiederherstellung des
Berufsbeamtentums* (7.4.1933)
(I) 600f.
*Gesetze zur Gleichschaltung der Län-
der mit dem Reich siehe* Gleich-
schaltungsgesetz
Gesetzgebung *siehe* »Führerstaat«
Gestapa siehe Geheimes Staatspolizei-
amt
Gestapo siehe Geheime Staatspolizei
Gesundheitsfürsorge (I) 334

Gewerkschaften (I) 69, 89, 94, 98,
228, 248, 254, 259, 350, 368, 452,
492, 494, 503, 509, 516, 524, 568,
582, 601f., 838, 849, 871, 873
(II) 18, 23, 373
– Zerschlagung (I) 552, 602
siehe auch Allgemeiner deutscher
Gewerkschaftsbund, Freie Gewerk-
schaften
»Gewitteraktion« (II) 904
»Gewohnheitsverbrecher« (I) 680
(II) 326
Ghettos (II) 192f., 204, 338, 345,
430f., 436f., 621, 638, 646, 684,
759, 766, 1158, 1210
Gibraltar (II) 415, 439ff., 444, 462ff.,
707, 1226
Giftgas (I) 702, 793 (II) 33, 212, 643,
684, 1006
siehe auch Zyklon B
Glasgow (II) 490, 493
Gleichschaltung (I) 593-596, 606
– Auschaltung von Parteien u.
Gewerkschaften (I) 602-606
– Evangelische Kirche (I) 618ff.
– Gleichschaltungsphase Jan. 33 –
Aug. 34 (I) 552f., 554
– kultureller Bereich (I) 607-611
– der Länder (I) 582, 585f., 890
– mikrosoziologische G. (I) 606f.
– der Presse (I) 642
– Selbstgleichschaltung (I) 594, 607f.
– in den Stadtverwaltungen (I) 893
Gleichschaltungsgesetz
– *Zweites Gesetz zur Gleichschaltung
der Länder mit dem Reich*
(7.4.1933) (I) 594
Gleiwitz (II) 311, 1151
Glogau (II) 982
Gneisenau (Schlachtschiff) (II) 665,
1216
Godesberg-Memorandum (II) 170-
174, 179
Gold beach (II) 846
Goldap (II) 959, 1268
Gomorrha (II) 777
Gorki (II) 589
Göttingen (I) 284, 329, 349

GPU *siehe* Staatliche Politische
  Verwaltung
Graf Spree (Schlachtschiff) (II) 390
Grafeneck (II) 359
Gran Sasso (II) 782
Grande Armée siehe Großes Heer
Graz (I) 35f. (II) 485, *530*
Greifswald (I) 393
siehe auch Universität Greifswald
Griechenland (II) 449, 460, 936, 942,
  1080
 – antikes G. (I) 802
 – deutsche Invasion (6.4.1941)
   (II) 462, 478-481, 484ff., 488,
   409
 – italienische Invasion (28.19.1940)
   (II) 441, 445, 462, 478
siehe auch Marita
Grodno (II) 524
Groß-Rosen *siehe* Konzentrations-
  lager
Großbritannien (I) 110, 129, 197,
  240, 689, 698f. (II) 15, 49, 61, 91,
  119f., 138, 141, 150, 153, 160,
  181, 219f., 224, 231, 254, 273,
  278, 291, 293ff., 315, 317, 321,
  361, 363ff., 374, 377ff., 386f., 389,
  407, 437, 441ff., 448, 452, 455f.,
  464, 482, 486, 493, 509, 512f.,
  518, 523, *535*, 562f., 584, 592,
  603, 653, 759, 762, 789, 823, 827,
  835, 837, 839, 920, 933, 997f.,
  1042, 1107, 1133, 1144, 1163,
  1167, 1170f., 1190
 – u. Abessinieninvasion (I) 702, 729,
   732ff., 913
 – Abrüstungsgespräche 1933 (I) 620-
   623
 – u. Aufrüstung (II) 27
 – Außenministerium (I) 699f. (II) 165,
   298, 492, 1144, 1189
 – u. Bolschewismus (I) 420, 695
   (II) 500f.
 – Demokratie, Systemstabilität
   (I) 403f.
 – deutsche Invasionspläne (II) 408f.,
   412, 414-419, 441, 462, 505, 1170,
   1179

 – Einführung der Wehrpflicht in D.
   (I) 692f., 695ff.
 – Empire, Imperialismus (I) 116, 322,
   695, 699 (II) 61, 84, 88ff., 147,
   230, 255, 301, 305, 397f., 400,
   404, 409, 411, 439, 448, 451, 455,
   499, 527, 548, 562, 612, 665,
   1107, 1118, 1194, 1217, 1276
 – Eugenik-Bewegung (I) 116
 – u. Frankreich (I) 682, 697f., 733
   (II) 172, 174, 363, 388, 397, 407,
   1144
 – Heß-Flug (10.5.1941) (II) 489-504,
   801, 1076, 1186-1190
 – Hitlers »Angebot« bezüglich Polen
   (25.8.1939) (II) 301, 303, 305ff.,
   310
 – Hitlers Bündnis- / Einigungsabsich-
   ten (I) 729, 853, 912f. (II) 33f., 58f.,
   61, 84, 89, 113, 144, 300, 314,
   397f., 400, 403f., 407ff., 412f., 492,
   497, 781, 844, 853, 999, 1092,
   1103, 1108, 1162, 1172, 1179,
   1276
 – in Hitlers Denken (I) 321ff., 325,
   354, 729 (II) 82, 88f., 230, 274,
   299f., 381, 383, 416, 419, 441,
   451, 462, 482, 512, 599, 612, 649f.
 – Hitlers »Friedensappell« vom
   6.10.1939 (II) 362, 364ff.
 – Hitlers »Friedensappell« vom
   19.7.1940 (II) 406, 409, 411, 414,
   438, 500f.
 – u. Italien (I) 698 (II) 89, 396
 – u. Japan (II) 594f., 612, 1202
 – »jüdische Einflüsse« (II) 59, 414,
   465, 599, 650, 688, 826, 844,
   1056, 1276
 – jüdische Flüchtlinge (II) 205f.
 – Kriegserklärung an Deutschland
   (3.9.1939) (II) 314, 320, 322, 1152
 – Kriegserklärung an Japan
   (8.12.1939) (II) 594
 – Luftangriffe auf deutsche Städte
   (II) 689, 702, 728, 777
 – Luftangriffe auf englische Städte
   (II) 408, 417ff., 441, 672, 703, 843,
   951, 963, 1222

- Luftfahrtsministerium (II) 491
- Marineministerium (I) 699, 701
- u. Österreich (I) 698 (II) 111, 119f., 122, 124f.
- u. Polen (II) 241-244, 274, 276, 288ff., 292, 294, 298-301, 303-310, 313f., 317f., 320, 362, 1136, 1138, 1145, 1152, 1155
- Regierung (I) 599, 638, 690, 697, 699ff. (II) 33f., 84, 125, 147, 158, 162, 164, 167, 171f., 217, 236f., 241, 255, 288f., 292, 300f., 307f., 310, 314, 317, 321f., 363, 392, 444, 489, 500-503, 594, 872f., 1145, 1162, 1167
- u. Remilitarisierung des Rheinlands (I) 734, 740, 913, 922 (II) 33
- Rivalität, dt.-engl. (I) 114, 323, 699
- Ruhrbesetzung (I) 322
- u. Sowjetunion (I) 735 (II) 277, 292, 383, 409, 412, 416, 441, 451, 473, 501ff., 508f., 512, 558, 562, 584, 613, 676, 873
- Sozialdarwinismus (I) 114, 178
- Treffen Chamberlain – Hitler (Berchtesgaden; 15.9.1938) (II) 105, 164-167, 169, 215, 265, 1121
- Treffen Chamberlain – Hitler (Bad Godesberg; 22.-24.9.1938) (II) 167, 169ff., 1121
- u. Tschechoslowakei (II) 89, 139f., 147ff., 151-154, 161-174, 176-179, 181, 236f., 248, 299, 389, 1104, 1121, 1138
- Unterhaus (II) 178, 215, 242, 314, 364
- u. Vereinigte Staaten von Amerika (II) 412, 416, 419, 441, 451, 457, 473, 613, 637, 676, 752, 1179
- *War office* (II) 400
- Wirtschaft (I) 404 (II) 545, 1134
- Weißbuch zur Rüstung 1935 (I) 690
siehe auch Appeasement, Britische Flotte, Britisches Heer, *British Secret Service,* Deutsch-britisches Flottenabkommen, Einkreisung, Garantieerklärung für Polen, *Labour Party,*

Luftschlacht um England, *Royal Air Force,* Wettlauf um Norwegen
Großbürgertum (I) 367, 369
Großgrundbesitzer (I) 110, 335, 404, 452, 460, 473, 504, 513, 516, 525, 566, 903
Grosny (II) 657, 677, 695f., 699, 704
Großdeutsche Volksgemeinschaft (GVG) (I) 283, 290f., 341, 344, 348, 837
Großdeutschland (I) 190 (II) 133, 185
Der große König (Historienfilm 1943) (II) 661f.
»Großer Vaterländischer Krieg« (II) 519, 563
Großgermanisches Reich (II) 133, 634, 1220
Großes Heer (*Grande Armée* Napoleon Bonapartes) (II) 517, 659, 854
»Großraumwirtschaft« (II) 27, 113, 458
Grün (Angriff auf Tschechoslowakei) (II) 138f., 153, 159, 163, 1120f.
Grundrechte (I) 69, 552, 582, 622 (II) 21, 64
Guernica, Zerstörung von (26.4.1937) (II) 60, 399
Guernica (Gemälde) (II) 60
Gumbinnen (II) 959, 1268
Gut Neudeck, Ostpreußen (I) 465, 479, 516, 522, 535, 641, 643, 652, 659, 661, 868, 905
GVG *siehe* Großdeutsche Volksgemeinschaft

H

Habsburger Reich (I) 45f., 57, 63, 65, 97, 99, 106, 125, 129, 179 (II) 109, 138
- Allgemeines Männerwahlrecht (I) 65, 69
- antihabsburgische Ressentiments (I) 48f., 67
- Antisemitismus (I) 115
- antitschechische Ressentiments (II) 143, 231
- Armee (I) 775

GROSSBRITANNIEN–LUFTFAHRTSMINISTERIUM – HEER **29**

- Ausscheiden aus dem Deutschen Bund (I) 66
- deutsch-österreichisches Bündnis (I) 123
- deutscher Nationalismus (I) 48f., 66, 84 (II) 109
- Ethnien (I) 64f.
- Hitlers Abscheu (I) 84, 106, 118, 123, 133
- Hofburg (I) 65
- Juden (I) 36, 64
- Parlament (I) 65f., 70, 75, 84, 91, 98, 775
- Ultimatum an Serbien Juli 1914 (I) 154
- Verfassungsreform (I) 65
- Wahlen von 1891 (I) 69
- Zugeständnisse an Minderheiten (I) 49, 65f.

Hadamar (II) 359
HAFRABA *siehe* Verein zur Vorbereitung der Autostraße Hansestädte-Frankfurt-Basel
Hagen (I) 351
Haifa (II) 415
Hakenkreuz (I) 85, 182, 192, 267, 635, 706
»Halbjude« (I) 80, 719 (II) 1101
Halle-Merseburg, Gau (II) 990
Hamburg (I) 181, 254f., 355, 361, 369, 371, 446, 583, 897 (II) 398, 915, 1030, 1037f.
- Bombardierung (II) 777f., 842
- Bürgerschaftswahlen 1931 (I) 447
- Bürgerschaftswahlen 1932 (I) 456f.
- Hotel Atlantik (I) 367, 435
Hamburg-Amerika-Linie (I) 450
Hamburger Nationalklub (I) 367, 450
Hamm (II) 1020
Hammerbund (I) 785
Hanau (II) 1017
Handbuch der Judenfrage (I) 115
Handel, Händler (I) 64, 568, 632, 703 (II) 249
Handlungsgehilfenverband *siehe* Deutschnationaler Handlungsgehilfenverband

Handwerker (I) 63, 66ff., 140, 179, 182, 391, 703
- Unterstützung der NSDAP (I) 242, 505
Hannover (I) 342, 353, 379, 423, 606 (II) 194, 399, 1020
Hartheim (II) 359
Harzburger Front (I) 448, 455
Haunstetten, Flughafen (II) 1186
Hauptstadt der Bewegung *siehe* München
Haus Wachenfeld *siehe* Berghof
Havel (II) 1041
Hawaii (II) 594
Hearst-Press (I) 427f.
Heer (I) 692 (II) 69, 100, 103f., 115f., 137ff., 146, 149f., 160, 163, 220, 231, 296, 310, 330, 341, 343, 355, 368, 371, 381, 386f., 415, 460, 472, 476, 481, 489, 549, 553, 564, 599f., 604ff., 659, 663, 678, 699, 754, 824, 899f., 937, 952, 954, 996, 1049, 1057, 1104, 1107, 1172
- 2. Armee (II) 604, 609, 866, 877
- 4. Armee (II) 604f., 855, 981
- 6. Armee (II) 622, 697, 705f., 713-726, 867, 998, 1242
- 7. Armee (II) 844
- 8. Armee (II) 126
- 9. Armee (II) 698, 754, 855, 1017, 1023, 1033, 1036, 1040ff., 1046ff., 1061
- 11. Armee (II) 623, 677, 698
- 12. Armee (II) 486, 1033, 1036f., 1041, 1041f., 1044, 1046, 1048ff., 1054, 1060f.
- 17. Armee (II) 622
- 18. Armee (II) 477, 552
- 39. Gebirgsjägerkorps (II) 699
- 18. Infanteriedivision (II) 156
- 1. Panzerarmee (II) 832, 836
- 2. Panzerarmee (II) 609
- 3. Panzerarmee (II) 594, 855
- 4. Panzerarmee (II) 594, 714ff., 800, 1023
- 5. Panzerarmee (II) 963, 966
- 10. Panzerdivision (II) 878

30 SACHREGISTER

- Ersatzheer (II) 604, 880, 886, 888, 893, 901f., 922, 930, 933
- Heeresführung (II) 146, 149f., 340, 365, 377, 379, 409f., 414, 459, 472, 475, 513, 599, 604, 606, 885, 937, 976
- Heeresgruppe A / Nordukraine (II) 394f., 401, 695-700, 714, 716, 833, 857
- Heeresgruppe B (II) 395, 476f., 695ff., 702, , 705, 714, 869, 1021
- Heeresgruppe Don / Süd / Südukraine (II) 461, 537, 551, 555, 557f., 585, 593f., 596, 605, 678, 689, 692, 695, 776, 714, 716, 754, 780, 800, 818, 832f., 942, 1282
- Heeresgruppe Mitte (II) 476f., 518, 537, 551-559, 561, 565f., 585f., 588f., 594, 604ff., 608, 623, 697, 754, 776, 780, 800, 801, 807, 854f., 857, 867, 869f., 877, 939, 981, 1032, 1049, 1074, 1248, 1282
- Heeresgruppe Nord (II) 552f., 556f., 559, 585, 604, 817, 858
- Heeresgruppe Weichsel (II) 982, 1007, 1010, 1016, 1033, 1052, 1282
- Heeresgruppenkommando 2 (II) 149
- Panzergruppe 4 (II) 477
- Panzergruppe West (II) 847
siehe auch Allgemeines Heeresamt, Blomberg-Fritsch-Krise, Generalstab des Heeres, Oberkommando des Heeres (OKH)
Heeresamt *siehe* Allgemeines Heeresamt
Heiligendamm (I) 707, 903
Heiliges Römisches Reich (»Erstes Reich«) (I) 113, 860 (II) 366, 451, 680, 918, 1163, 1235
Heilmann und Littmann (Bauunternehmen) (I) 120
Heimtückegesetz (21.3.1933) (I) 587
Heldengedenktag (I) 693, 730 (II) 76, 538, 667, 728, 738, 778, 801, 812, 835, 871, 1169, 1279
Helsinki (II) 943

Hendaye, Treffen von (23.10.1949) (II) 442-445, 529, 690, 1177
Henkell (Sektkellerei) (I) 475
Herbstnebel (Ardennenoffensive) (II) 966
Hermannsdenkmal, Teutoburger Wald (I) 113
Heroische Führerschaft (I) 22, 24, 62, 213, 230-233, 235f., 328f., 389
siehe auch Führerkult
Herrenrasse, -volk (I) 302 (II) 337, 527, 547, 1136
Herrlingen (II) 953
Herrschaftsstruktur *siehe* Führerstaat
Hessen (I) 458f., 585, 865 (II) 195f., 210, 1258
- Landtagswahl 1931 (I) 447, 456
- Landtagswahl 1932 (I) 462
Hessen-Nassau (I) 704
Hindenburg (Luftschiff) (II) 36
Hinterpommern (II) 328
Hirschberg bei Weilheim, Schloß (II) 956
Hitler-Stalin-Pakt *siehe* Deutschsowjetischer Nichtangriffspakt
Hitlereiche (I) 611
Hitlergruß *siehe* »Deutscher Gruß«
Hitlerjugend (HJ) (I) 393, 396, 424, 482f., 541, 550, 678, 703, 714 (II) 38, 40, 97, 130, 201, 223, 624, 919, 989f., 1019f., 1028, 1040, 1282
Hitlerjunge Quex (Spielfilm 1933) (II) 93
Hitlerlinde (I) 611
Hitlerputsch (9.11.1923) (I) 47, 61, 102, 144, 146, 175, 177, 206, 217, 242, 257-268, 281ff., 288, 294, 298f., 315f., 322, 327, 330, 335f., 338, 341, 343, 348, 351, 359, 362, 363, 382, 385, 396, 406, 437, 441, 469, 497, 562, 819-826, 846 (II) 198, 321, 356, 386, 978
- Gedenkfeiern (I) 120, 543, 824 (II) 75, 93, 194f., 197, 372, 374, 567, 586f., 650, 707f., 738, 787, 797, 802, 961f., 1080

HEER–ERSATZHEER – INTELLEKTUELLE **31**

– Hochverratsprozeß (I) 61, 102, 144, 179, 269-273, 275f., 279, 281, 293f., 299f., 316, 321, 327f., 341, 351, 406, 525, 746, 814, 819, 901
– Rolle der Reichswehr (I) 257f., 261ff., 268f.
– Rolle des Triumvirats (I) 257ff., 261ff., 265, 268-271
Hitlers Zweites Buch (1928) (I) 326, 370 (II) 330
– Antisemitismus (I) 374
– Bedeutung (I) 374, 844
– Entstehung und Intention (I) 370, 373f., 388
– »Lebensraum« (II) 53, 55, 330
– unterbliebene Veröffentlichung (I) 373
– Südtirol (I) 373f.
HJ *siehe* Hitlerjugend
Hoare-Laval-Plan (I) 733
Hochverratsprozeß gegen Hitler *siehe* Hitlerputsch
Hohenlychen, Rotkreuzkrankenhaus (II) 837, 1010, 1280
Hohenzollernkult (I) 114
Holland *siehe* Niederlande
Holocaust *siehe* Judenvernichtung, Endlösung
Homoerotik (I) 85 (II) 73
Homosexualität, Homosexuelle (I) 87, 439 (II) 326, 1126
– u. Blomberg-Fritsch-Affäre (II) 96, 361, 1105, 1107
– u. »Nacht der langen Messer« (I) 647, 654f.
– Hitlers Abgestoßenheit (I) 80f.
– Verfolgung (I) 680, 908 (II) 326
siehe auch Homoerotik
Horst-Wessel-Lied (I) 608, 853 (II) 37, 733
Hoßbach-Niederschrift (Hoßbach-»Protokoll«) (II) 87, 90f., 108, 111 (II) 137, 273
Hotel Bayrischer Hof (I) 240
Humber-Staudamm (II) 777f.

I

Ibiza (II) 83
Idealismus (I) 304
I.G. Farbenindustrie A.G. (IG-Farben) (II) 43, 52, 54, 57, 189
Illustrierter Beobachter
– Hitler als Autor (I) 453
Immola, Flugplatz (II) 690
Immunität *siehe* Reichstag
Imperialismus (I) 113, 115ff., 138, 180, 302, 324, 326, 372, 510, 548, 551, 569, 701 (II) 26, 55, 548
Import (I) 638, 724f., 729 (II) 42, 139
IMT *siehe* Internationales Militär-tribunal
Indien (II) 438, 446, 448, 515, 545, 548, 612, 1194, 1204, 1226
– in Hitlers Denken (II) 527f., 603
– Unabhängigkeitsbewegung (II) 89
Indik (II) 439, 448
Industrie, Industrielle (I) 256, 323, 334f., 352, 406, 452, 514, 516, 542, 569-571, 632, 675, 846 (II) 11, 17, 52f., 62, 85, 223, 376, 643, 656, 662f., 740, 795, 889, 929, 933, 1006, 1012, 1038
– Verhältnis zum NS-Regime (I) 566ff., 570-573, 920 (II) 7, 18f., 108, 253, 1012
– Verhältnis zur NSDAP (I) 241f., 413, 449-452, 488, 494, 513
siehe auch Automobilindustrie, Rüstungsindustrie, Unternehmer
Inflation (I) 401, 569 (II) 222, 1134
– von 1923 (I) 224, 237, 241, 253f., 256
siehe auch Teuerung
Ingolstadt (I) 375
Innenministerium *siehe* Reichsmini-sterium des Inneren
Innsbruck (II) 1073
Intellektuelle (I) 24, 112, 122, 350, 404, 526, 582, 598, 881 (II) 23f., 26, 248, 252, 622, 841
– u. Erster Weltkrieg (I) 127, 138
– u. Gleichschaltung (I) 607-611
– polnische I. (II) 323, 335, 340

»Intelligenzaktion« (II) 323, 335,
337f., 341, 472, 1157
Internationale Automobilausstellung
1933 (I) 570
Internationale Automobilausstellung
1937 (II) 76
Internationales Militärtribunal (IMT),
Nürnberg (II) 1075f.
siehe auch Nürnberger Prozesse
Internationales Olympisches Komitee
(II) 36f.
Internationalismus (I) 69, 95, 133,
146, 244, 370, 389f., 402, 419
Irak (II) 254, 504, 696, 705, 1204
Irakische Armee (II) 504
Iran (II) 254, 696, 705, 1204
Irland (II) 255, 653
Isar (I) 189, 204
Italianisierung (I) 322, 373
Italien (I) 499, 526, 681, 733, 740,
764 (II) 34, 96, 186, 212, 219,
396f., 411, 415, 438ff., 446, 456,
459ff., 481, 486, 599, 690, 706,
708, 761ff., 769, 782, 784, 826,
828f., 843, 933, 936, 983f., 1061,
1072, 1179, 1270, 1275
– Abessinien, -krieg (I) 701f., 713, 729,
732f., 735, 912f. (II) 34, 59f., 110
– Abrüstungsgespräche (1933) (I) 621
– Annexion Albaniens (II) 276
– antiitalienische Ressentiments
(I) 373
– Autobahnen (I) 571
– als Demokratie (I) 379
– Duce-Kult (I) 229f., 232
– Faschistischer Großer Rat (II) 772f.,
798, 1238
– u. Frankreich (I) 695, 698, 733
(II) 313, 378, 506, 712
– u. Großbritannien (I) 698, 729, 733
(II) 313, 599f.
– in Hitlers Denken (I) 322, 354, 373
(II) 59f., 89f., 378, 720f., 726,
762f., 764f., 1103
– Invasion in Griechenland (28. Okt.
1941) (II) 441, 445f., 462, 479, 489
– Juden (II) 785, 1240
– Kapitulation (II) 780f., 1239

– u. Österreich / »Anschluß« (I) 643,
657ff., 698, 733, 912 (II) 34, 59,
85, 89, 111, 113f., 119, 122f., 125,
128, 147, 1096, 1113
– u. Polen, Polenkrise (II) 289f.,
302ff., 308, 313, 319f., 322
– Regierung (I) 669 (II) 774-777, 779
– »Repubblica Sociale Italiana«
(II) 783
– u. Sowjetunion (II) 757
– u. Spanien (I) 46 (II) 1096
– Staatsbesuch Hitlers (3.5.-9.5.1938)
(II) 150f., 260
– Staatsbesuch Mussolinis in Deutsch-
land (25.9.-29.9.1937) (II) 76, 84f.,
113, 150, 1102
– Sturz Mussolinis (27.7.1943)
(II) 772-779
– u. Tschechoslowakei (II) 89, 147,
150f., 163, 176f., 179
– u. Vereinigte Staaten von Amerika
(II) 597, 599f.
– Waffenstillstand mit Frankreich
(24.6.1940) (II) 405
– Waffenstillstandsunterzeichnung
(3.9.1943) (II) 780
siehe auch Achse Berlin – Rom,
Alarich, Alliierte Landung,
Dreimächtepakt, Italianisierung,
Italienische Armee, »Marsch auf
Rom«, »Stahlpakt«, Südtirol,
Treffen Hitler–Mussolini
Italienische Armee (I) 230 (II) 396,
716, 771f.
– 8. Armee (II) 717
– Flotte (II) 757, 781
– Generalstab (II) 163
– Hitlers Einschätzung (II) 721, 726
– Luftwaffe (II) 781

J

J.A. Topf und Söhne (II) 643
Jalta, Konferenz von (II) 985, 1006
Japan (I) 624 (II) 62, 219, 404, 409,
416, 438, 440, 446, 456, 595,
600f., 612f., 948ff., 1096, 1203f.
– u. Großbritannien (II) 62, 455f.,
599f., 613

INTELLIGENZAKTION – JUDENVERFOLGUNG **33**

– u. Hitlers Rassedenken (II) 602,
  612, 666, 1096, 1202, 1217
– Krieg gegen China (II) 84
– Matsuokas Besuch in Berlin (1941)
  (II) 482ff., 530, 596, 1184
– Regierung (II) 595, 1095
– u. Sowjetunion (I) 729 (II) 45, 62f.,
  276, 438, 449f., 456, 482ff., 523,
  562, 595f., 948, 1184, 1193
– u. Vereinigte Staaten von Amerika
  (II) 451, 455f., 482f., 594ff., 599f.,
  613, 948
siehe auch Antikominternpakt, Drei-
  mächtepakt, Pearl Harbor
Japanische Armee
– Armeeführung, Generalstab (II) 62,
  595
– Heer (II) 1096
– Marine (I) 699 (II) 680, 1096
Jazz (I) 334 (II) 24
Jekaterinenburg (II) 460
Jerusalem (II) 1076f.
Jesuiten (I) 94, 101, 347
The Jewish Chronicle (I) 712
Jud Süß (Spielfilm 1940) (II) 570
Juden, Judentum (I) 36, 59, 64, 81,
  90, 112, 115, 134, 250, 293, 401ff.,
  466, 508ff., 721, 877 (II) 24, 187,
  191, 640, 649, 991, 1051, 1125
– Boykott deutscher Waren (I) 598,
  716
– Definition von »Jude« (I) 718ff.
  (II) 687
– Erster Weltkrieg (I) 135, 141
– u. Kapitalismus (I) 182
– u. Marxismus / Bolschewismus
  (I) 98, 154
– »Ostjuden« (I) 97, 141, 198, 773
– Reaktionen auf den Antisemitismus
  (I) 509f., 877, 893
– u. Revolution von 1918/19 (I) 151,
  154, 157
siehe auch Antisemitismus, Boykott
  vom 1. April 1933, Endlösung,
  »Halbjude«, Judendeportation,
  Judenverfolgung, Judenvernichtung,
  »Mischlinge«, Novemberpogrom
  1938, »Vierteljude«, »Volljude«

Judenboykott siehe Boykott vom
  1. April 1933
Judendeportation (II) 191f., 428-432,
  465, 467, 534, 626, 629, 633ff.,
  641f., 645-648, 653-656, 683,
  686, 767, 784f., 831, 958, 991,
  1126
– Beginn der Deportation aus West-
  europa (II) 654, 685
– Entscheidung zur Deportation nach
  Osten (II) 635-640, 643, 648f., 686
– ins Gebiet der Sowjetunion (II) 469,
  471, 631, 634ff., 639, 647, 654,
  684
– aus dem Generalgouvernement
  (II) 618, 638, 652, 655, 767
– ins Generalgouvernement (II) 194,
  338ff., 381, 429ff., 434f., 467ff.,
  629, 638f., 654, 759
– »Judensäuberung« Berlins (I) 707
  (II) 190, 192f., 630, 632, 640ff.,
  645, 683, 727, 759, 1212, 1220
– nach Vichy-Frankreich (II) 435f.
siehe auch Madagaskar-Plan,
  »Umsiedlung«
Judenfrage (I) 86, 97, 99, 169, 198f.,
  321, 372, 389, 598, 705, 710f.,
  713f., 716, 718, 720, 722, 723, 776
  (II) 25, 78, 80f., 135, 188, 190f.,
  193, 196f., 203, 207, 381f., 428,
  430, 433, 435f., 466ff., 506, 513,
  627, 629-632, 637, 639, 647, 651,
  655, 672, 743, 759, 765, 827, 841,
  1175, 1235
siehe auch Antisemitismus, Endlösung,
  Judenverfolgung, Judenvernichtung,
  Kumulative Radikalisierung, Mada-
  gaskar-Plan
Der Judenkenner (I) 704
Judenstern (II) 204, 630-633
Judenverfolgung (I) 101, 115, 450,
  577, 596, 600ff., 632, 639f., 655,
  680 (II) 20f., 25, 204f., 326, 485,
  630, 757, 760, 784
– nach dem »Anschluß« (II) 133ff.
– antijüdische Gesetzgebung (I) 600f.,
  609, 666, 706, 708-713, 917
  (II) 54, 80f., 187f., 208, 656, 1125

- Ausschluß aus dem Wirtschaftsleben
  (I) 568, 710f. (II) 81f., 186ff.,
  192ff., 202, 204ff., 209, 261
- »Mischehe« (I) 708ff., 712ff.
  (II) 1212
- Selbstmorde (II) 135, 200, 436
- Staatsbürgerrecht (I) 708, 712
  (II) 189
- Welle intensivierter antisemitischer
  Gewalt von 1933 (I) 597f., 703
  (II) 186, 209
- Welle intensivierter antisemitischer
  Gewalt von 1935 (I) 702-708, 714,
  717, 720 (II) 186, 209
- Welle intensivierter antisemitischer
  Gewalt von 1938 (II) 81f., 135, 187,
  189, 209, 261
- Zerstörung jüdischer Geschäfte
  (I) 597f. (II) 133, 186, 193, 199,
  261
- Zerstörung von Synagogen u.
  Friedhöfen (II) 188, 195-199, 201,
  209, 211, 261, 341, 766, 1132
- Zügelung im Olympiajahr 1936
  (II) 25, 35f., 40
siehe auch Antisemitismus, »Arisie-
  rung«, Boykott vom 1.April 1933,
  Emigration, Endlösung, Ghettos,
  Judendeportation, Judenstern,
  Judenvernichtung, November-
  pogrom 1938, Nürnberger Gesetze
Judenvernichtung (I) 720 (II) 26, 183,
  186, 192, 213f., 514, 580, 615,
  617-621, 625-629, 635, 645-656,
  760, 766f., 786, 798, 841, 944,
  958, 991-994, 1212f., 1230, 1235
- Einsatzgruppen (II) 617
- Geheimhaltung (II) 647, 686ff., 767,
  786, 992f.
- Himmlers Rede vor SS-Offizieren
  (Posen; 10.1943) (II) 647, 731,
  786f.
- in Hitlers Denken (I) 97, 145, 304,
  325 (II) 22, 28, 31, 81, 186, 212ff.,
  466, 649ff., 686, 765ff., 785
- u. Krieg (I) 325 (II) 183, 186, 212,
  214, 349, 465f., 615, 617, 629,
  635f., 654f.

- Massenerschießungen (II) 619ff.,
  625f., 635, 640, 643f., 646, 684,
  878f., 1207
- Vergasung (II) 619, 643f., 650,
  684f., 831, 1235
siehe auch Babi-Yar, Einsatzgruppen,
  Endlösung, Judendeportation,
  »Vernichtung durch Arbeit«,
  Vernichtungslager, Wannseekonfe-
  renz
Jugendbewegung (I) 378, 230, 232,
  506, 845 (II) 683, 875, 877
Jugendstil (I) 74, 786
Jugoslawien (II) 119, 277, 449, 480,
  485, 489, 942, 1073, 1270
- Beitritt zum Dreimächtepakt
  (25.3.1941) (II) 478, 480
- deutscher Überfall (6.4.1941)
  (II) 481, 484ff., 488, 530
- Militärputsch (25.3.1941) (II) 478,
  480f., 488f.
- u. Sowjetunion (II) 484
Jugoslawische Armee (II) 486
Jungdeutscher Orden (I) 147
Juno Beach (II) 846
Justizministerium siehe Reichsjustiz-
  ministerium
Jüterbog (II) 157
Jütland (II) 391

K

»Kabinett der Barone« (I) 461, 463,
  484
Kairo (II) 121, 1125
Kaiser-Wilhelm-Monument, Kyff-
  häuser (I) 113
Kaiserreich von 1871 siehe Deutsches
  Kaiserreich
Kalatsch (II) 697
Kalisch (II) 981
Kalter Krieg (I) 16
Kamerun (II) 584
Kampfbund siehe Deutscher Kampf-
  bund
Kampfbund des gewerblichen Mittel-
  standes (I) 509, 597ff.
Kampfgemeinschaft revolutionärer
  Nationalsozialisten (I) 417

»Kampfsinn« (in Hitlers Rassenden-
ken) (I) 370
Kampfverband Niederbayern (I) 246
Kampfverlag (I) 413f.
Kanada (II) 444, 1134
– 1. Armee (II) 983
Kanarische Inseln (II) 440f., 443
Kapitalismus (I) 169, 450, 479, 569,
579, 873 (II) 681, 1009
– Agententheorie (I) 19, 175, 451,
488, 510, 513, 548, 753
– »Jüdischer K.« (I) 182 (II) 364, 581
siehe auch Antikapitalismus, Zins-
knechtschaft
Kapitulation, deutsche (II) 788, 819,
871f., 940, 980, 985, 996, 1006,
1050-1053, 1070
– Forderung nach bedingungsloser K.
(II) 752, 872, 978, 1074, 1234
– deutsche Kapitulationserklärung
(8.5.1945) (II) 1074, 1293
– in Hitlers Denken (II) 722f., 727f.,
791, 859, 897, 910, 962, 965, 967,
969f., 976, 996, 1006f., 1201
– Teilkapitulationen (II) 1072ff.
Kapp-Putsch (I) 159, 200, 205, 219,
241, 247, 355, 463
Karinhall (Görings Wohnsitz) (II) 114,
1029
Karlsbader Forderungen, Sudetendeut-
schen-Kongreß (1938) (II) 148
Karlsruhe (II) 436
Karpaten (I) 65 (II) 231, 828, 979,
1270
Karpato-Ukraine *siehe* Ruthenien
Kasachstan (II) 636
Kaspisches Meer (II) 695, 699
Kassel (II) 195, 262
Katholische Aktion, Berlin (I) 648,
655
Katholische Kirche (I) 32, 345, 382,
545, 552f., 605, 616ff., 655, 731,
739 (II) 206
– u. Euthanasie (II) 353, 357, 575-579
– Hitlers Haltung (I) 339f., 342, 592,
723 (II) 78
– u. »Machtergreifung« (I) 548,
617

– nationalsozialistische Angriffe
(I) 616f., 687, 705f., 722 (II) 16, 66,
78, 573, 575f.
– Österreichs (II) 130f.
– in Polen (II) 348
siehe auch Katholizismus, Reichskon-
kordat
Katholizismus, Katholiken (I) 67f.,
112, 157, 343, 506, 548, 687
(II) 16, 109, 573, 877, 916
– Antibolschewismus / -marxismus
(I) 578, 687 (II) 20, 131, 574
– politischer Katholizismus (I) 123,
199, 488, 527, 605, 617
– u. Sterilisationsgesetz (I) 616
– Verhältnis zum Nationalsozialismus /
Resistenz (I) 423, 485, 511, 552,
687, 705, 723 (II) 131, 248, 574,
916
siehe auch Antikatholizismus, Katho-
lische Kirche, Klosterschließungen,
Kulturkampf, Zentrum
Kattowitz (II) 428f., 992
Katyn, Wald von (II) 759, 1155, 1235
Kaukasus (II) 461, 552f., 555, 558,
562, 585, 589f., 592, 660, 676,
682, 688f., 694ff., 699, 703f., 714,
716, 726, 769, 784, 1204, 1224
Kaunas (II) 239, 524, 619f., 646
KDF *siehe Kraft durch Freude*
»Keppler-Kreis« (I) 488, 512f
Kertsch, Halbinsel (II) 610, 677f.,
681f., 780
Ketzin (II) 1041
Kiel (I) 182 (II) 665
Kieler Matrosenaufstand (I) 143, 152,
156
Kiew (II) 461, 526, 546, 555, 557-
561, 563, 566, 584, 625, 784,
1194, 1211
»Kindereuthanasie« (II) 354, 356ff.
Kinderklinikum der Universität Leip-
zig (II) 356
King-Kong (Spielfilm 1933; dt. Titel:
King-Kong und die weiße Frau)
(I) 614
Kirchenkampf (I) 677, 685, 722f.,
731, 739 (II) 16f., 19f., 21, 65,

78ff., 86, 130, 248f., 327, 371f.,
572-579, 603, 679
– Kruzifixerlaß (II) 573f.
»Kirschkernprogramm« *siehe* Vergel-
tungswaffe 1
Kladno (II) 683
Klassenkampf (I) 179
Kleinasien (II) 696
Kleinbürgertum *siehe* Mittelstand
Kleingartenwesen, deutsches (I) 606
Klerus (II) 79, 323, 335, 337f., 348,
371, 575, 577, 672, 1157
Kleßheim, Schloß (II) 541, 675, 677,
756ff., 829f., 836f., 846, 880
Klosterschließungen (II) 573, 576f.
Kneifelspitze (I) 363
Koblenz (II) 984
Kolberg (II) 930, 1010, 1016
Kolberg (Spielfilm 1945) (II) 930,
1010, 1262
Kolibri (Losungswort) (I) 648
Köln (I) 512, 741 (II) 661, 983
– Bombardierung (30.5.1942) (II) 689
– Hohenzollern-Brücke (I) 544, 739
– Widerstand (II) 918f.
Köln-Aachen, Wahlbezirk (I) 585,
704f., 897
Kolonialmächte (I) 116
Kolonien, deutsche (I) 116, 190, 321,
354, 604, 620, 699, 912 (II) 84, 86,
88, 113, 240, 255, 273, 305, 363,
397f., 408, 432, 442, 584, 681,
686, 1099, 1138, 1176, 1221
Kolonisierung (I) 324, 354 (II) 27,
339, 592, 877, 1107
Kolumbien (II) 192
Komintern (I) 714, 716 (II) 58, 298,
1094
Komintern-Kongress 1935 (I) 714,
716
Kommissarbefehl (6.6.1941)
(II) 475ff., 504, 867, 1182
– Hitlers Rede vor Generälen am
30.3.1941 (II) 472ff.
– vorausgegangene Anweisungen/
Befehle (II) 470ff., 474f., 477,
1181
Kommunalwahlen (I) 405, 493, 872

Kommunismus, Kommunisten (I) 151,
156, 158, 162, 164, 191, 205, 241,
249, 254ff., 259, 339, 350, 401,
413, 420, 448, 459, 482, 505, 507,
558, 567, 587, 868 (II) 51, 133,
138, 248, 287, 485, 934
– Ermordung von Kommunisten in
Rußland (II) 619f.
– Spanischer Bürgerkrieg (II) 47f., 50
siehe auch Bolschewismus, Kommis-
sarbefehl, Kommunistische Partei
Deutschlands, Kommunistische Par-
tei der Sowjetunion, Marxismus
Kommunistische Partei der Sowjet-
union (KPdSU) (II) 619
– XVIII. Parteitag (10.3.1939) (II) 278
Kommunistische Partei Deutschlands
(KPD) (I) 154, 254f., 310, 347, 367,
391, 393, 417, 429, 478, 486, 502,
504, 506f., 524, 533, 555, 587,
601, 654, 687, 871 (II) 23, 373
– antidemokratische Ausrichtung
(I) 391
– Exilführung (II) 298
– Kämpfe mit der SA (I) 227, 437,
462 (II) 292
– Kommunalwahlen (I) 447
– Landtagswahlen (I) 267, 515
– u. »Machtergreifung« (I) 548
– Mitgliedszahlen (I) 367
– u. Reichstagsbrand (I) 579-582, 888
– Reichstagsfraktion (I) 480f.
– Reichstagswahlen (I) 367, 386f.,
391, 422f., 464, 485, 871
– im Untergrund (I) 730, 919, 921
(II) 371
– Verfolgung (I) 151, 255, 476, 514,
577, 580ff., 587, 590, 596, 632,
639, 680, 860, 921 (II) 16f., 21
siehe auch Kommunismus
Königgrätz, Schlacht von (1866)
(I) 65f. (II) 583, 1200
siehe auch »Deutscher Bruderkrieg«
Königsberg (I) 584 (II) 131, 296, 780,
959, 983, 986, 1016, 1020
Königsberg (Kreuzer) (II) 1151
Königsbronn (II) 372f.
Königswusterhausen (II) 1033

Konkordat *siehe* Reichskonkordat
Konservatismus, Konservative (I) 115,
  231f., 345, 378, 474, 486, 494,
  511, 514, 524, 557, 562, 632, 641,
  699, 708, 740, 814 (II) 23f., 139f.,
  248, 903, 1047
– in Bayern (I) 155, 158f., 273
– konservative Eliten (I) 335, 452,
  474, 525, 640, 867, 869 (II) 17, 19,
  23, 254
– kultureller Konservatismus (I) 391
– u.»Machtergreifung« (I) 519f., 521,
  547, 553, 556f., 590f., 604, 630
– u.»Nacht der langen Messer«
  (I) 642, 652 (II) 18
– neokonservative Intellektuelle
  (I) 180, 231f., 494, 610, 860
– preußischer K. (I) 588
Konstanz (II) 374f., 1114
Konstitutionelle Monarchie (I) 111
Konsumgesellschaft (I) 334
Kontinentalpolitik (I) 323
Konzentrationslager (KZ) (I) 197, 633,
  679, 855 (II) 17, 20, 190, 311, 338,
  521, 577, 587, 628, 633, 643, 645,
  660, 679, 758, 944, 992, 1051,
  1128, 1273, 1287
– Bergen-Belsen (II) 993f.
– Buchenwald (I) 166 (II) 200, 993
– Dachau (I) 587, 649, 897 (II) 200,
  375, 993
– Groß-Rosen (II) 993
– Mauthausen (II) 785, 956, 993
– Ravensbrück (II) 683, 1286f.
– Sachsenhausen (II) 200, 375, 993,
  1220
– Theresienstadt (II) 785
siehe auch Vernichtungslager
Kopenhagen (II) 391
Korinth, Enge von (II) 479
Korporatismus (I) 449
Korruption (I) 103, 452, 575, 639,
  654, 673f., 722 (II) 16, 145, 249,
  346, 495, 550, 670, 750, 783,
  1077
Korsika (II) 711f., 781
KPD *siehe* Kommunistische Partei
  Deutschlands

KPdSU *siehe* Kommunistische Partei
  der Sowjetunion
Kraft durch Freude (KDF) (II) 21
– KdF-Flotte (II) 466
Krakau (II) 338, 428, 431, 642
Krampnitz (II) 1036
Krasnogorsk, Kriegsgefangenenlager
  (II) 1229
Kreisauer Kreis (II) 874ff., 878, 902
Kreta (II) 486f.
Kriegserklärungen *siehe unter den
  einzelnen Ländern*
Kriegsgefangenschaft, Kriegsgefangene
  (I) 152, 157, 159f., 167, 431
  (II) 329, 463, 475, 486, 519, 524,
  561, 583, 585, 603, 660, 662, 688,
  693, 741, 761, 781, 913, 944, 950,
  1006f., 1022, 1073f., 1154, 1182,
  1192, 1229
– Vergasung russischer K. (1941)
  (II) 643
Kriegsgewinne, »Kriegsgewinnler«
  (I) 140f., 190, 198
Kriegsmarine (I) 116 (II) 69, 77, 83,
  87, 100-103, 219, 255, 275, 367,
  379, 381, 386, 392, 439, 452,
  479, 487, 663, 761, 806, 1032,
  1037, 1041, 1060, 1102f., 1107,
  1133
– u. britische Flotte (I) 693, 696, 698-
  701 (II) 91, 219, 1118
– Hitlers Einschätzung (I) 673
  (II) 379f., 397, 671, 1057, 1060
– u. Pläne zur Invasion Großbritan-
  niens (II) 146, 408f., 412, 414ff.
– u. Skandinavien (II) 389-392
siehe auch Plan Z, U-Boot-Flotte
Kriegsministerium *siehe* Reichswehr-
  ministerium, Reichskriegsministe-
  rium (ab 1.6.1935)
Kriegsschuld *siehe* Erster Weltkrieg
Kriegswirtschaft (II) 44, 376, 389f.,
  430, 458, 560, 603, 662ff., 677,
  1000, 1012
Krim (II) 526ff., 558, 560f., 585, 592,
  605, 677, 780, 784, 817f., 833f.,
  858, 942
Kriwoi Rog (II) 1194

Kroatien (II) 481, 485f., 540, 757, 828, 830
siehe auch Ustascha-Bewegung
Kronstadt (II) 552, 1178
Krupp (Konzern) (I) 244, 324, 566 (II) 189
Kuba (II) 205
Kuban (II) 695, 780
Kulturbolschewismus (I) 610
Kulturkampf (I) 112
Kulturkritik (I) 22
Kulturpessimismus (I) 114, 179, 425 (II) 23f.
Kumulative Radikalisierung (I) 26, 596, 665, 756 (II) 29, 424, 427, 574
– in der »Judenfrage« (I) 717f., 720f.
siehe auch »Entgegenarbeiten«
Kurhessen (II) 198
Kurland (II) 980, 1270
Kurmark (I) 704
Kursk (II) 692, 753f., 764, 770
Küstrin (I) 821 (II) 983, 1016f., 1023
Kyffhäuser (I) 113
KZ   siehe Konzentrationslager

L

Labour Party (II) 1122
Ladogasee (II) 479, 698, 1197
Laisser-faire (I) 66
Lambach (I) 44f. (II) 281
Landbund (I) 405
Landflucht (II) 223, 250
Landsberg, Festung (I) 61, 234, 256, 266f., 273f., 276, 280, 282, 285-289, 292f., 297ff., 316f., 321, 323-327, 329f., 337ff., 343, 359, 362, 377, 771, 776, 825, 830, 833, 835, 859 (II) 69, 499
Landshut (I) 283, 348, 355
Landtag, Landtagswahlen (I) 284, 335, 383, 397, 405, 422, 464, 865
– Anhalt (I) 456ff.
– Baden (I) 395, 405
– Bayern (I) 155, 266, 285, 456ff.
– Hamburg (I) 447, 456ff.
– Hessen (I) 447, 456, 462
– Lippe-Detmold (I) 499, 512, 515ff., 878

– Lübeck (I) 405, 585, 671
– Mecklenburg (I) 395, 423
– Mecklenburg-Schwerin (I) 284f., 462
– Oldenburg (I) 447, 456, 462
– Preußen (I) 456ff., 595
– Sachsen (I) 394f., 412, 415f., 422
– Thüringen (I) 405f.
– Württemberg (I) 456ff.
Landvolk (I) 393
Landwirte   siehe Bauern
Landwirtschaft (I) 190, 352, 504, 521, 566f., 639 (II) 88, 139, 223, 252, 560, 741, 929, 1134
siehe auch Agrarpolitischer Apparat, Bauern, Reichsnährstand
Landwirtschaftsministerium   siehe Reichsministerium für Ernährung und Landwirtschaft
Las Palmas (II) 47
Lateinamerika (II) 206
Lausanne, Konferenz von (16.6.-6.7.1932) (I) 460
Le Havre (II) 1246, 1264
Lebensmittelkarten (II) 333
»Lebensraum« (I) 146, 178, 197, 299, 302, 322-326, 329, 370, 372, 374, 418, 524, 560f., 635f., 689, 730, 805, 844 (II) 26f., 55, 75, 87f., 90, 113, 139, 153, 230, 250, 253, 273, 325, 331, 343, 377, 452, 501, 545, 549, 623, 677, 681, 757, 1107, 1115, 1136
siehe auch Ostexpansion
Lebensstandard (II) 21, 41, 88
siehe auch Ernährungskrise
Lechfeld (I) 129, 149, 167ff., 170, 172, 185, 193
Legalitätseid (I) 427f., 440
Legion Condor (II) 116
Leibstandarte-SS »Adolf Hitler« (I) 162, 433, 644, 646f., 674 (II) 69, 71, 126, 266, 1015
Leipa (II) 234
Leipzig (I) 183, 888 (II) 53, 356, 505, 985
– Gewandhaus (II) 675
siehe auch Reichsgericht, Völkerschlacht

Leipziger Reichswehrprozeß (23.9.-
4.10.1930) (I) 426ff., 440
Lemberg (II) 503
Leningrad (II) 460f., 542, 552-555,
558f., 566, 590, 660, 698, 1178,
1194
– Hitlers Plan zur totalen Zerstörung
(II) 562, 590, 636, 640, 701
siehe auch Nordlicht
Leonding (I) 45ff., 70, 306, 366
(II) 128
Lettland (II) 276, 628, 645, 980, 1175
Lettowhemd (I) 855
Leuna (II) 985
Leuthen, Schlacht von (1757) (I) 584
(II) 1043
Liberalismus, Liberale (I) 69, 109,
179, 510, 524, 526, 591, 610
(II) 575
– Linksliberale (I) 127
– Wirtschaftsliberalismus (I) 568
siehe auch Antiliberalismus
Libyen (II) 463, 544, 707, 716, 1212
Lidice (II) 683, 1220
Liebau (II) 297
Liebknechtmord (15.1.1919) (I) 154
Lille (I) 129
Lindau (I) 168
Linz (I) 44-55, 57f., 61, 66, 70f., 73,
76f., 84f., 97-100, 105, 118, 120f.,
123f., 307, 433, 443, 445, 671,
763, 765f., 773 (II) 109, 126ff.,
132, 221, 281f., 409, 1005, 1055,
1073
– Deutscher Nationalismus (I) 48f.
– Hitlers Bauvorhaben (I) 45, 53, 74
(II) 484, 674, 815, 925, 1005f.,
1184, 1278
– Hotel Weinzinger (II) 128f.
Linzer Musealverein (I) 770
Lippe-Detmold, Landtagswahlen 1933
(I) 499, 512, 515ff., 878
Lissabon (II) 1189
Litauen (I) 696 (II) 83, 238ff., 331,
468, 518, 619f., 625, 628, 646, 930
Litzmannstadt siehe Lodz
Locarno, Konferenz von
(5.-16.10.1925) (I) 333, 372, 698,

730, 732f., 735, 738, 741 (II) 15,
33, 253
Lodz (II) 345, 430, 638, 641, 644, 981
Löhne (I) 254, 334, 368, 390, 392,
405, 480, 505, 548, 675, 724, 727
(II) 16, 376, 603
Loire (II) 1246
London (I) 64, 700, 702, 741 (II) 38,
58f., 61, 84, 102, 121, 123, 141,
144, 158, 165, 171f., 174, 181,
217, 220, 241, 255, 286, 299-302,
305ff., 310, 313, 419, 443, 482,
489, 493, 503, 571, 682, 789, 952,
1095, 1120f., 1144, 1156, 1173
– East End (II) 418
– 10, Downing Street (II) 181
– East End (II) 418
– Luftangriffe (II) 418, 491, 772,
824f., 837, 843, 848, 951, 963,
1247
Los Angeles (II) 36
Lothringen siehe Elsaß-Lothringen
Lübeck (I) 585 (II) 1052
– Bürgerschaftswahlen 1929 (I) 405
Lubjanka, Gefängnis von (II) 722,
1229
Lublin (II) 429f., 432, 643, 654f., 685,
767
Ludwigshafen (II) 984
Luftangriffe (II) 399, 839f., 845, 966
– gegen Großbritannien (II) 408,
417ff., 441, 491, 703, 772, 824f.,
837, 843, 848, 951, 1165f., 1222,
1247
– auf Moskau (II) 553, 566, 589,
1196
– gegen das Reich (II) 418, 485, 671f.,
689, 702, 728, 743, 745ff., 764,
777f., 782, 786f., 820ff., 826f.,
837f., 840, 851, 909, 911, 934,
968, 974, 985, 989f., 1002,
1004, 1007, 1074, 1222, 1243,
1248
Luftfahrtsministerium siehe Reichs-
luftfahrtministerium
Lufthansa (II) 47
Luftschlacht um England (II) 416-419,
567

40 SACHREGISTER

Luftwaffe (II) 38, 43, 50, 52, 69, 87,
100f., 103, 116, 121, 146, 231,
233, 240, 275, 310, 364, 379ff.,
386, 392, 397, 400ff., 408, 415,
418, 452, 479, 481, 508, 521f.,
553, 558, 566, 581, 583, 589, 607,
663, 671, 689, 703, 705, 707, 712,
714, 743, 745f., 764, 770, 774,
821f., 824, 837-840, 847, 852, 930,
945, 959f., 968, 970, 1015, 1029,
1032f., 1040f., 1054, 1060, 1107,
1166, 1188, 1269
- 7. Fallschirmjägerdivision (II) 233
- u. britische Luftwaffe (I) 693, 696,
698 (II) 402, 417f., 479
- geheimer Aufbau und Stärke (I) 691,
696, 910 (II) 18, 77, 567
- Treibstoffmangel (II) 42f., 461, 840,
952, 960
- Versorgung der 6. Armee (II) 713ff.,
719f., 726, 1227
siehe auch Luftschlacht um England
Lüttich (II) 393
Luxemburg (II) 365, 400, 425, 1141
Luxemburgmord (15.1.1919) (I) 154
Luzk (II) 619

M
Maas (II) 966
»Machtergreifung« (I) 253, 255, 406,
442, 465, 508, 585, 633, 676 (II) 582,
654, 659, 708, 721, 820, 825, 949
- Bedingungen, Gründe (I) 525ff.,
551, 553
- Begriff (I) 551, 585
- Bildung der Regierung Hitler / Papen
(I) 519-526, 880
- 30.1.1933 (I) 469, 522f., 547-551,
554f., 615
- Ernennung Hitlers zum Reichskanz-
ler (I) 522-525, 547, 549, 551
- u. Konservative (I) 524, 547
- u. Linke (I) 524, 547f.
- Reaktionen der Gleichgültigkeit
(I) 547, 549
- Regierung Hitler / Papen im Amt
(I) 547, 549, 555f., 566, 580, 582,
616f., 626, 630, 651f., 659

- u. SA (I) 629
- Scheinlegalität (I) 552, 586, 590,
593
- Strategie der »Einrahmung« (I) 471,
519, 521, 640 (II) 23
- Vermeidbarkeit (I) 524f.
siehe auch Ermächtigungsgesetz,
Gleichschaltung
Madagaskar-Plan (II) 191f., 431-436,
465-468, 507, 628, 686, 1158,
1175f., 1220
- u. Völkermord (II) 192
Madeira (II) 21
Madrid (II) 48, 997
Magdeburg (II) 193, 985
Magdeburg-Anhalt (II) 196
Maginot-Linie (II) 271, 364, 403,
1117
Magnuszew, Brückenkopf von (II) 979
Mähren   siehe Böhmen und Mähren
Mährisch-Ostrau (II) 226
Mailand (II) 61, 1061
Main (I) 573 (II) 1016
Mainz (II) 984f.
Majdanek   siehe Vernichtungslager
Majkop (II) 589, 657, 677, 695f., 705
Malta (II) 487, 676f., 1226
Manchester Guardian (I) 597 (II) 181,
1065
Mannesmann (II) 189
Mannheimer Börse (I) 811
Marburg (II) 197
siehe auch Universität Marburg
Marburger Rede (17.6.1934)
(I) 641ff., 900f.
Margarethe I, - II (Besetzung Ungarns,
Rumäniens) (II) 828
Margival   siehe Führerhauptquartier
Marita (Angriff auf Griechenland)
(II) 478-481, 484f., 1183
Market Garden (II) 941
Markt Schellenberg (II) 991
Marne (II) 940
Marokko   siehe Französisch-
Marokko, Spanisch-Marokko
»Marsch auf Berlin«   siehe Berlin
»Marsch auf die Feldherrnhalle«
siehe Hitlerputsch

»Marsch auf Rom« (27./28.10.1922)
(I) 229f., 232f., 237, 257
Marseilles (II) 940
Marxismus, Marxisten (I) 89, 96,
112f., 122, 179, 190, 197, 199,
244, 293, 384f., 402, 415, 442,
464, 466, 473, 477, 484, 487, 504,
560, 570 (II) 908
– Juden u. M. (I) 64, 98, 122, 144
siehe auch Antibolschewismus,
Antimarxismus, Antisozialismus,
Bolschewismus, Kommunismus,
Sozialismus
»Märzgefallene« (I) 606, 609
Masurische Wälder (II) 520
Materialismus (I) 304
Mauthausen *siehe* Konzentrationslager
Mayen (II) 988f.
Mecklenburg (I) 283, 378, 384, 423
(II) 74, 281, 1037
– Landtagswahl 1929 (I) 395
Mecklenburg-Schwerin (I) 618
– Landtagswahl 1924 (I) 284f.
– Landtagswahl 1932 (I) 462
Mefo-Wechsel (I) 565
Mehrheitssozialdemokraten (I) 153-
156, 162, 250, 795
Mein Kampf (I) 17, 96, 169f., 193,
229, 298, 355, 366, 393, 674, 832
(II) 85, 292, 1056, 1107
– Antisemitismus (I) 59, 86, 97-101,
103, 198, 302ff., 321 (II) 77, 212
– Antimarxismus, -bolschewismus
(I) 302, 304
– Außenpolitik, Raumfrage (I) 300,
323ff., 370, 373f. (II) 53, 55, 107,
330, 497, 1145
– DAP (I) 171, 184, 187, 193
– Entstehung u. Intention (I) 62,
101f., 171, 184, 280, 287, 293,
299ff., 348, 351, 363f., 649, 828,
831, 842
– Erster Weltkrieg (I) 107, 125, 130,
133, 142ff., 303f. (II) 212
– Hitlers Jugend (I) 34, 38f., 46-49,
51f., 54-57, 95
– Münchner Nachkriegszeit (I) 149,
151

– Münchner Vorkriegszeit (I) 122,
123
– Österreich (II) 110
– Rassendenken (I) 302, 678
– Revolution von 1918/19 (I) 143f.
– SA (I) 225
– Selbststilisierung als Führer (I) 217,
277, 302, 328f.
– Sozialdemokratie (I) 89, 94, 97
– Staatsauffassung (I) 678
– Verkaufszahlen (I) 301, 373, 453
– Völkische Bewegung (I) 181
– Weltanschauung (I) 301-304
– Wiener Jahre (I) 54f., 61, 75f. 84
Meldungen aus dem Reich (MadR)
siehe Sicherheitsdienst (SD)
Memel (I) 482, 696 (II) 620
Memelland (II) 225, 228, 238f.
– Übergabe an D. (II) 238ff.
– Ethnien (II) 239
Menin (I) 129
Meran (II) 837
Merkur (Besetzung Kretas) (II) 487f.
Mers-el-Kébir (II) 407
Mesopotamien (II) 705
Messina (II) 780
Messines (I) 136
Metz (II) 849, 939
Miesbach (I) 457
Miesbacher Anzeiger (I) 301
Militärdienst (I) 105f., 118, 120,
123ff., 691
siehe auch Wehrgesetz, Wehrpflichts-
einführung
Militarismus (I) 109, 115, 163, 232,
408
»Minderwertige« (I) 116, 141, 615
(II) 427, 450, 1013
Ministerien *siehe* Reichsministerien
Ministerrat für Reichsverteidigung
(II) 421f., 741, 743ff., 747, 924
Minsk (II) 524, 626, 642, 646, 855,
870
»Mischlinge« (I) 710, 715, 718
(II) 208, 633, 646, 653, 1125
Missisippi (II) 584
Mittelalter (I) 324, 344, 354, 370
(II) 1107

siehe auch Deutscher Ritterorden,
  Gefolgschaftsverhältnis, Heiliges
  Römisches Reich
Mitteldeutschland (I) 343 (II) 10
Mittelfranken (I) 418
Mittelmeer, -raum (II) 59, 61, 90f.,
  181, 396, 419, 438f., 441, 445,
  456, 463, 504, 607, 700, 707, 712,
  753f., 763, 769-771, 1179, 1190
Mittelstand (I) 67, 80, 113, 127, 158,
  190, 193, 205, 230, 388, 407f.,
  420f., 423, 485-488, 493, 505-508,
  547, 576, 591, 639, 654, 687, 705,
  742
– unterer M. (I) 67, 90, 140, 179,
  198, 205, 223, 242, 375, 384
– oberer M. (I) 238, 242
Mittlerer Osten (II) 448, 487, 769,
  1190
Modernisierung (I) 569, 844
Moderne, Modernität (I) 15f., 20,
  109f., 119, 334
– in Hitlers Denken (II) 547f., 1194
siehe auch Antimodernismus
Moderne Kunst (I) 119 (II) 24, 77
Mogilew (II) 642, 854
Monarchismus (I) 206, 220, 222, 254,
  420, 822, 824 (II) 763, 874
Mönichkirchen (II) 485f., 488, 531
Montoire (II) 529
Morgenthau-Plan (1944) (II) 1012,
  1280
Mormonen (I) 680
Moskau (I) 695, 714 (II) 49f., 77, 84,
  274, 278, 293, 331, 450, 460f.,
  464, 483, 502, 511, 523, 526, 552,
  566, 586, 589ff., 594, 660, 698,
  723, 753, 800, 831, 952, 954f.,
  995, 1022, 1062, 1069, 1072,
  1152, 1178, 1195, 1197, 1199,
  1224, 1229, 1266
– Divergenzen über Eroberung
  (II) 552-560, 564f., 704, 1196f.
– Hitlers Plan zur totalen Zerstörung
  (II) 523, 562, 590, 636, 701,
  1193
– Luftangriffe (II) 553, 566, 589,
  1196

– Unterzeichnung des
  Nichtangriffspakts (II) 290f., 296-
  299, 302
siehe auch Taifun
Moskauer Staatsarchiv (I) 10
Mühldorf am Inn (II) 126
München (I) 35, 42, 61, 105, 118-125,
  133, 146, 151, 159, 164ff., 172,
  176, 182f., 195, 204, 208, 211f.,
  217, 221, 229, 235, 244, 247f.,
  264, 271f., 285, 310, 341, 343,
  349, 351, 353, 356, 359, 363, 366,
  374, 413f., 437, 440, 446, 464,
  475, 482f., 487, 519, 530, 578,
  587, 644, 646f., 659, 674, 677,
  694, 718, 736, 744, 783, 786, 818,
  822, 861f., 890, 903 (II) 76, 83,
  116f., 126, 131, 164, 194, 202,
  211, 281, 293, 373ff., 490, 571,
  663, 675, 691, 711f., 749f., 754,
  783, 825, 834, 925, 1036, 1040,
  1045, 1073, 1120, 1130, 1164,
  1216, 1243, 1286
– Alter Hof (I) 121
– Altes Rathaus (II) 195f., 209f., 1127
– Altes Roenbad, Herrenstraße (I) 171
– Amalienstraße (I) 122
– Antagonismus zu Berlin (I) 219f.,
  226, 251
– Antisemitismus, Judenverfolgung
  (I) 135, 168, 182, 189, 707, 710
– Asamkirche (I) 121
– »Befreiung« 151f., 156ff., 164,
  248
– Biergärten, -keller, -hallen (I) 24, 68,
  121ff., 140, 172f., 176ff., 181, 186,
  203, 221, 367, 369 (II) 819
– Bogenhausen (I) 432
– Bombenangriffe (II) 702, 826, 986
– »Braunes Haus« (NSDAP-Zentrale)
  (I) 416, 433f., 488, 614, 647, 651,
  854, 859 (II) 178, 292, 708, 1060
– Bürgerbräukeller, Rosenheimer
  Straße (I) 189, 234, 259-265, 269f.,
  274, 343, 356, 388 (II) 195, 269,
  371, 373f., 375, 864, 1131, 1201
– Burghausener Straße 6 (I) 190
– Café Fahrig (I) 126

MITTELDEUTSCHLAND – MÜNCHEN–THERESIENWIESE 43

- Café Heck, Galerienstraße (I) 205, 432, 434, 443f.
- Café Neumaier (I) 205, 443
- Café Stephanie (I) 122
- Deutsches Künstlerhaus (II) 188, 198
- Eberlbräukeller (I) 185, 195
- Erster Weltkrieg (I) 135, 142
- *Der ewige Jude*, Ausstellung (II) 261
- Feldherrnhalle (I) 128, 265, 274, 359, 543 (II) 198, 1080
- Fürstenfelder Hof (I) 184
- Gasthaus *Zum Deutschen Reich* (I) 185
- Glyptothek (I) 120
- als »Hauptstadt der Bewegung« (I) 286 (II) 197
- Haus der Deutschen Kunst (I) 541, 76 (II) 77, 247
- Herzog-Max-Straße (II) 1128
- Herzog-Rudolf-Straße (II) 196, 198, 1128
- Herzogpark (I) 338
- Hirschgarten (I) 250
- Hofbräuhaus (I) 121, 185f., 189ff., 195, 198, 210, 212, 225, 230, 236, 245, 373, 379, 810 (II) 797, 825, 1007, 1009
- Hofbräukeller, Wiener Straße (I) 185, 193
- Hotel Vier Jahreszeiten (I) 183, 691 (II) 197
- Tal (I) 265
- Isartor (I) 265
- Juden, Judenverfolgung (II) 195-199, 210, 261, 646
- Karolinenplatz (I) 227
- Kindlkeller (I) 227, 815
- Königsplatz (I) 120, 226 (II) 587
- Kunstakademie (I) 105
- Lenbachplatz (I) 542
- Löwenbräukeller (I) 224, 245, 262, 707, 710, 738, 787, 802. 961
- Ludwigsbrücke (I) 265
- Ludwigstraße (I) 120, 122, 315
- Luitpoldgymnasium (I) 156f.
- Marienplatz (I) 265
- Marsfeld (I) 195, 245, 312

- Münzhof (I) 121
- »Nacht der langen Messer« (I) 648f.
- Nationalrat (I) 151
- Neuhausen (I) 310
- NSDAP-Parteiführerkonferenz (31.8.-2.9.1918) (I) 388
- Oberschicht (I) 201, 207, 237ff.
- Oberwiesenfeld (I) 249
- Odeonsplatz (I) 128, 204, 265, 308, 543
- *Osteria Bavaria*, Schellingstraße 62 (II) 202, 675
- Pinakothek (I) 120
- Politische Polizei (I) 223, 227, 586
- Polizei (I) 224f., 237, 249, 251, 253, 256, 293, 297, 339, 376, 565, 814, 829 (II) 195
- Prinzregentenplatz (I) 432, 443, 447, 466, 633 (II) 72, 180, 1128
- Propyläen (I) 120f.
- provisorische Regierung Eisners (I) 155, 163
- Reichenbachstraße (II) 1128
- Residenz (I) 121
- Residenzstraße (I) 265
- Revolution (I) 122, 146, 151f. (II) 632
- Räterepublik (I) 151f., 155-159, 161-166, 168, 172, 184, 191, 219f., 222, 248, 272, 425, 586f., 594, 803
- »Rote Armee« (I) 156, 162, 166, 794
- Salvator-Keller (I) 815
- Schellingstraße (I) 854, 859, 1218
- Schleißheimer Straße 34 (I) 121, 124
- Schwabing (I) 118f., 121ff.
- Sendlinger Tor (I) 121
- Soldatenräte (I) 151, 160f.
- Solln (I) 207
- Staatsbibliothek (I) 122
- Staatsoper (II) 675
- Stadelheim, Gefängnis (I) 225, 646f., 649f.
- Sterneckerbräu (I) 170
- Synagogen, Zerstörung der (II) 188, 196, 198, 209, 1128
- Technische Hochschule (II) 356
- Theresienwiese (I) 154, 249f., 750

44 SACHREGISTER

- Thierschstraße 41 (I) 204, 206f.,
  260, 298, 364, 366, 432
- Viktualienmarkt (I) 123, 205
- »Weiße Garde« (I) 156f., 164
- Wiederaufbaupläne Hitlers (I) 120
- Volksgerichtshof (I) 248, 264, 271,
  321, 648
- Zirkus Krone (I) 173, 195, 204,
  212f., 244, 250f., 253, 313, 367,
  369, 375, 808 (II) 691
siehe auch Hitlerputsch, Universität
  München
Münchner Abkommen (30.9.1938)
  (I) 733 (II) 142, 159, 168, 179-182,
  217, 220, 224f., 237f., 253, 277,
  283, 294f., 308, 313, 322, 373,
  863, 1122f., 1138f.
Münchner Beobachter (I) 183, 185,
  808
Münchner Konferenz (29./30.9.1938)
  (II) 140, 178ff., 219
- Gemeinsame Erklärung Hitlers /
  Chamberlains (II) 181
siehe auch Münchner Abkommen
Münchner Neueste Nachrichten
  (I) 158, 323
Münchner Post (I) 162, 207, 273, 445
Münchner Sezession (I) 786
Münchner-Augsburger Abendzeitung
  (I) 184
Münster (II) 575, 578f., 1020
Müritzsee (II) 74
Misogynie (I) 78f.

N

»Nacht der langen Messer«
  (30.6.1934) (I) 206, 385, 475, 499,
  540, 552, 627, 630, 638, 642-657,
  659, 662, 678, 685, 704, 726, 902,
  908 (II) 17f., 20, 93, 95, 104, 344,
  476, 1047, 1262
- Reaktionen im Ausland (I) 651f.,
  656
Naher Osten (II) 419, 439, 487, 689,
  696, 705, 1125, 1179, 1190
Narew (II) 331, 979, 994
Narvik (II) 389, 391ff., 1167
Nasjonal Samling (II) 392

Nationalbewußtsein *siehe* Nationalis-
  mus
»Nationalbolschewismus« (I) 349
»Nationale Sammlungspartei« (II) 1053
Nationalhymne *siehe* Deutschland-
  lied, Horst-Wessel-Lied
Nationalismus, Nationalbewußtsein
  (I) 15, 69, 84, 114ff., 163, 169,
  179f., 183, 324, 369, 389, 403,
  413, 688 (II) 7f., 65
- alldeutscher N. (I) 49, 66, 79, 95f.,
  99, 182, 324 (II) 109
- ethnisch definierter N. (I) 113, 179f.
- Exklusion (I) 112, 179, 420f.
- Geschichte in Deutschland (I) 111ff.
- integraler N. (I) 112f., 178
- konservativer Nationalismus (I) 180
- »Nationalisierung der Massen«
  (I) 112, 203, 303, 337, 669, 784
  (II) 76
- Schwarz-Weiß-Roter N. (I) 159, 220
- völkischer N. (I) 117, 159, 179f.,
  247
*siehe auch unter den einzelnen Län-
  dern*
Nationalkomitee Freies Deutschland
  (NKFD) (II) 998, 1022, 1229, 1241
Nationalsozialer Verein (I) 179
Nationalsozialismus *siehe* National-
  sozialistische Deutsche Arbeiter-
  partei
Nationalsozialistische Betriebszellen-
  organisation (NSBO) (I) 450, 495,
  602, 871
Nationalsozialistische Briefe (I) 352
Nationalsozialistische Deutsche
  Arbeiterpartei (NSDAP) (I) 67, 131,
  162, 167, 179, 182, 192, 199ff.,
  203, 205, 206f., 225, 228f., 241,
  251f., 255, 260, 322, 333, 345,
  350, 354, 380, 392, 399, 401, 411,
  433, 447, 449, 461, 506, 530, 583,
  593, 660, 676, 700, 703 (II) 16f.,
  103, 145, 178, 185, 196, 346, 424,
  457, 495f., 577, 582, 587f., 655,
  705, 725, 727, 733, 773, 787, 794,
  835, 887, 891, 920-925, 927f., 930,
  932, 988, 999, 1015, 1018, 1020,

1030, 1055, 1060, 1073, 1107, 1233, 1272
- Antimarxismus (I) 123, 342, 420
- Antisemitismus (I) 342, 348, 408, 420, 509, 597, 705f., 710f., 717, 719 (II) 24f., 188f., 195, 200f., 205, 759
- Aufnahmestopp (1.5.1933) (I) 606
- Berliner NSDAP (I) 379, 413-416, 438, 441f., 466
- Dualismus von Staat und Partei (I) 677f. (II) 420, 425f., 568, 739
- Finanzen (I) 201f., 208, 227, 237, 240ff., 264, 367, 383, 387, 396, 409, 439, 452f., 463, 482, 486, 493, 515, 816, 846, 869ff., 877f.
- Fusionsabsichten mit DSP (I) 182f., 208-212
- Fusionsabsichten mit DVFP (I) 285ff., 289f.
- Führerprinzip, »Führerpartei« (I) 335, 357ff., 376-380, 412, 437, 500, 721
- Hitlers Übernahme der Partei-führung 1921 (I) 177, 208f., 212, 217, 221 (II) 978
- Ideologie (I) 111, 178, 189f., 232, 330, 349, 369, 380f., 409, 413f., 417, 436, 478, 511, 597, 677, 681 (II) 425, 493, 568, 574
- Jugendkult (I) 358, 403, 407, 559
- Koalition mit Zentrum, Absichten zu (I) 428f., 464ff., 478f., 487f., 873, 879
- Krise von 1925 (I) 351-354, 359
- Landtagswahlen (I) 394f., 397, 405, 447, 456ff., 499, 512, 515
- Mitgliedsstärke (I) 195, 229, 240, 242, 336, 351, 359, 383, 392, 394, 396, 407, 409, 423, 430, 493, 509, 606, 676, 846 (II) 23, 916
- Mitgliedsstruktur (I) 242, 392, 402, 423f., 430
- Neugründung (26.2.1925) (I) 279, 333, 337, 341-345, 349, 371, 385, 396, 438, 492, 499, 839 (II) 355
- norddeutsche NSDAP / National-sozialisten (I) 284, 287, 289ff., 300, 329, 340ff., 348-353, 357

- Organisationsstruktur (I) 118, 187, 336f., 355, 359, 377, 383f., 394, 493, 498-501, 676f., 839, 874f. (II) 424f., 1019
- parlamentarische Strategie (I) 284ff., 290, 349, 351f.
- Parteiprogramm (I) 186, 188-193, 196, 200, 210ff., 300, 350-355, 357f., 373, 382, 385, 704, 706, 708, 710, 799, 854 (II) 75, 82, 110, 797, 825, 1007, 1009, 1132
- Parteisatzung (I) 342, 358
- Präsidentschaftswahl 1932 (I) 454-459, 464, 534
- Rassepolitisches Amt (II) 354
- Regierungsbeteiligung, erste (Thüringen) (I) 406f., 409
- Regierungsbeteiligung (Reich) (I) 428f., 449, 461, 464-469, 477f., 489f., 492, 494, 512-519
- Reichsführerschaft, -leitung (I) 289, 355 (II) 178
- Reichspressestelle (II) 280
- Reichstagsfraktion (I) 285f., 335, 422, 427, 454, 464, 479, 485, 496
- Reichstagswahlen (I) 27, 335, 386-389, 409, 417ff., 422-426, 437f., 453, 463f., 481, 483-487, 584f., 870f.
- u. Reichswehr / Wehrmacht (I) 685f., 818, 898 (II) 103f.
- »Sozialrevolutionäre«, Strasser-Flügel (I) 349, 352-355, 377, 383, 385, 395, 413-417, 494
- Strasser-Krise 1932 (I) 492-500, 515, 856 (II) 856, 978
- »Turn- und Sportabteilung« (I) 193, 221, 223f., 804
- Veranstaltungsverbote (I) 244f., 251, 255
- Verbot (I) 267, 281, 283f., 298, 339, 341, 440, 819, 837 (II) 1006
- Wählerstruktur, regional (I) 387, 396, 417f., 423, 584f.
- Wählerstruktur, sozial (I) 384, 387f., 392, 423, 487, 506f., 584
siehe auch Deutsche Arbeiterpartei, Führerkult, Parteikanzlei der

NSDAP, Propaganda, Reichspartei-
tage *und unter den einzelnen
Parteiorganisationen*
Nationalsozialistische Freiheitsbewe-
gung (NSFB) (I) 290ff., 339-342,
348f.
Nationalsozialistische Freiheitspartei
(NSFP) (I) 286, 289, 351
Nationalsozialistische Führungsoffi-
ziere (II) 800, 1242
Nationalsozialistische Handwerks-,
Handels- und Gewerbeorganisation
(NS-Hago) (I) 703f.
Nationalsozialistische Monatshefte
(I) 632
Nationalsozialistische Volkswohlfahrt
(NSV) (II) 572
Nationalsozialistischer Deutscher
Ärztebund (II) 350
Nationalsozialistischer Deutscher
Studentenbund (NSDStB) (I) 392f.,
611
Nationalsozialistischer Rechtswahrer-
bund (II) 1125
Naturrecht (I) 270
Nauen (II) 1041
Neapel (II) 150, 781
Neckar (I) 573 (II) 198
Neiße (II) 1022
Nemmersdorf (II) 959
Neoklassizismus (I) 74, 119 (II) 73
Neue Freie Presse (I) 771
Neue Sachlichkeit (I) 334
Neuer Plan (I) 724
Neuer Vorwärts (I) 604
Neufundland (II) 637, 1141
Neukaledonien (II) 1176
9. November 1918 *siehe* Revolution
von 1918/19
9. November 1938 *siehe* November-
pogrom
Neuordnung Europas (II) 549f., 588,
592, 619, 760
– in Hitlers Denken (II) 526ff., 545-
550, 584f., 588, 592, 603, 680ff.,
760, 1220
siehe auch Generalplan Ost
Neustadt bei Danzig (II) 359

Neutemplerorden *siehe* Orden vom
Neuen Tempel
New York (I) 917
– Wall Street (I) 392, 395, 397
(II) 766
New York Herald (I) 652
Niederbayern (I) 267, 348, 431, 504,
585, 789 (II) 987
Niederlande (I) 579 (II) 205, 237, 275,
365, 379, 399, 438, 548, 585, 682,
968, 1073, 1076, 1163, 1220
– Regierung (II) 399
Niederländisch-Ostindien (II) 438
»Niederländisches Dankgebet«
(I) 584, 589
Niedersachsen (I) 384, 407, 607, 748
Niederwald (I) 113
Niger (II) 485
Nijmwegen (II) 941, 983
Nikopol (II) 784, 817f.
Nil (II) 689
Nisko, Landkreis (II) 429
Nizza (II) 441
NKFD *siehe* Nationalkomitee Freies
Deutschland
NKWD *siehe* Volkskommissariat für
Innere Angelegenheiten
Nordafrika (II) 444, 462f., 590, 602,
653, 676, 702, 706, 709-712, 716f.,
725, 755ff., 761, 769, 771, 791,
878, 1141, 1179, 1190, 1226
Norddeutschland (I) 208, 247, 283-
286, 289, 300, 342, 346, 348f.,
363, 387, 423, 441
Nordlicht (Einnahme von Leningrad)
(II) 698
Nordschleswig (II) 391
Nordsee (II) 490, 497
Nordwind (Offensive im Elsaß)
(II) 966, 968
Normandie (II) 845ff., 909, 913, 923,
941, 1247
Norwegen (II) 276, 389-392, 397,
399, 447, 542, 548, 575, 983,
1141, 1166f., 1270
– Regierung (II) 392
siehe auch Weserübung, Wettlauf um
Norwegen

Norwegische Armee (II) 391f.
Northeim (I) 407f., 607
Notverordnungen *siehe* Weimarer
  Republik
Novemberpogrom 1938
  (9./10.11.1938) (I) 655 (II) 186f.,
  192, 194-202, 204-211, 261f., 344,
  630, 1127ff., 1131, 1143
– Auswirkungen auf Hitler (II) 211f.
– Hitlers Billigung (II) 209ff., 1129ff.
– Konfiszierung der Versicherungs-
  summen (II) 199, 203f.
– »Kontribution« (II) 203f., 206,
  1130
– Morde (II) 199f.
– Reaktionen »gewöhnlicher Deut-
  scher« (II) 201f., 248
– »Reichskristallnacht« (Begriff)
  (II) 186, 262, 1124
– Verhaftungen (II) 197f., 200, 209,
  261, 1128
siehe auch Judenverfolgung
Novemberrevolution *siehe* Revolu-
  tion von 1918/19
»Novemberverbrecher« (I) 161, 165,
  244, 251, 261, 368, 419 (II) 976
NS-*Hago siehe* Nationalsozialistische
  Handwerks-, Handels- und Gewer-
  beorganisation
NSBO *siehe* Nationalsozialistische
  Betriebszellenorganisation
NSDAP *siehe* Nationalsozialistische
  Deutsche Arbeiterpartei
NSDAP-Hauptarchiv (I) 93, 764
NSDStB *siehe* Nationalsozialistischer
  Deutscher Studentenbund
NSFB *siehe* Nationalsozialistische
  Freiheitsbewegung
NSFP *siehe* Nationalsozialistische
  Freiheitspartei
NSV *siehe* Nationalsozialistische
  Volkswohlfahrt
Nürnberg (I) 136, 182, 210, 228f.,
  264, 282, 341, 356, 445f., 708,
  713, 812, 862 (II) 371, 492, 499,
  723, 758, 1235
– Bombenangriffe (II) 746, 985, 989
– Hauptmarkt (I) 611

– Luitpoldhain, Festhalle (I) 485
– Zeppelinfeld (I) 714
– Zerstörung der Synagoge (II) 188
siehe auch Deutscher Tag (Nürnberg),
  Reichsparteitage, Nürnberger Pro-
  zesse
Nürnberger Gesetze (15.9.1935)
  (I) 702, 708, 712-721, 742 (II) 209
– Ausführungsbestimmungen (I) 715,
  718-721 (II) 189
– *Gesetz zum Schutze des deutschen*
  Blutes und der deutschen Ehre
  (I) 712, 715f., 718 (II) 353
– *Reichsbürgergesetz* (I) 712, 715f.,
  718 (II) 189
– *Reichsflaggengesetz* (I) 713, 716
Nürnberger Prozesse (I) 133, 229, 823
  (II) 124, 748, 1095
– Gefängnis des IMT (I) 35, 193, 298,
  649, 651 (II) 102, 1075
siehe auch Internationales Militär-
  tribunal
Nußdorf (Landhaus Philipp Bouhlers)
  (II) 745

O

Oberbayern (I) 132, 256, 267, 334,
  387, 457, 789 (II) 496, 573, 798,
  834, 915
Oberbayern-Schwaben, Gau (I) 385
Oberfranken (I) 227, 353, 418, 606
  (II) 245, 285
Oberkommando der Luftwaffe (OKL)
  (II) 1037
Oberkommando der Wehrmacht
  (OKW) (II) 126, 146, 154f., 220,
  265, 360, 390, 392, 413, 421, 471,
  475, 504, 520, 524, 531, 551, 560,
  563, 569f., 586, 621f., 701, 715,
  753, 755, 768f., 818, 844f., 857,
  868, 882, 963f., 969, 1029, 1036,
  1061, 1073f., 1076, 1246
– Wehrmachtsführungsstab 451,
  479, 488, 520, 552, 554, 769, 781,
  879, 1076
Oberkommando des Heeres (OKH)
  (II) 154, 312, 318, 360, 368, 393ff.,
  450, 459, 461, 474f., 480, 504,

48 SACHREGISTER

520, 521, 552, 557ff., 564f., 584,
586, 590, 607, 636, 694, 741, 753,
762, 769, 782, 863, 870f., 1044,
1172, 1179, 1203
– Hitlers Übernahme des Ober-
kommandos (19.12.1941) (II) 607f.,
752, 796, 857
siehe auch Allgemeines Heeresamt,
Generalstab des Heeres
Oberösterreich (I) 99, 126 (II) 127
Oberpfalz, bayrische (I) 220
Obersalzberg (I) 363, 373, 443, 475,
598, 613, 671f., 674 (II) 53, 161,
164, 284, 286, 293, 408, 414, 489,
494, 675, 729, 743, 763f., 802,
805, 843, 845, 851, 859, 1029,
1031, 1042, 1109, 1244
– Hotel Platterhof (vormals Pension
Moritz) (I) 239, 339, 363f., 842
(II) 840
siehe auch Berghof
Oberschlesien (I) 220, 223, 563, 612
(II) 311, 328, 331, 654, 675, 992,
999f., 1012f., 1016, 1100
Oberste Heeresleitung (OHL) (I) 137,
246, 527, 559, 655, 660 (II) 146, 149
Oder (II) 978, 982, 1016, 1022f.
Odessa (II) 833
Office of Strategic Services (OSS)
(I) 861, 868 (II) 1072, 1275
Ohlau (I) 462, 476 (II) 982
OKH *siehe* Oberkommando des
Heeres
OKL *siehe* Oberkommando der
Luftwaffe
Oktoberrevolution *siehe* Russische
Revolution von 1917
OKW *siehe* Oberkommando der
Wehrmacht
Oldenburg (II) 670, 1258
– Landtagswahl 1931 (I) 447
– Landtagswahl 1932 (I) 462
Olympische Spiele Los Angeles 1932
(II) 36
Olympische Spiele 1936 (I) 734, 914
(II) 35-40
– Sommerspiele, Berlin (I) 720 (II) 35-
40, 258, 501

– Winterspiele, Garmisch-Partenkir-
chen (I) 720, 734 (II) 35f.
– Zügelung der Judenverfolgung
(II) 25, 35f., 40
Omaha Beach (II) 846f.
Opfer der Vergangenheit (Spielfilm
1937) (II) 354
Oppeln (I) 612 (II) 982, 1016
Oppenheim (II) 984
Oran (II) 407, 440, 707
Oranienburg (II) 1023
Orden vom Neuen Tempel (*Ordo
Novi Templi*) (I) 85ff.
Ordnungspolizei (II) 1209
Ordo Novi Templi siehe Orden vom
Neuen Tempel
Orel (II) 770, 776
Organisation Escherich (*Orgesch*)
(I) 246
Organisation Todt (OT) (I) 678
(II) 825, 838, 885, 889f., 964, 1041
Orgesch siehe Organisation Esche-
rich
Orscha (II) 854
OSAF *siehe* Sturmabteilung
Oskarsborg (II) 391
Oslo (II) 392
OSS *siehe* Office of Strategic Services
Ostafrika (I) 702, 855 (II) 439
Ostara (I) 85ff., 776
Ostende (II) 1264
Österreich (I) 195, 266, 282f., 288,
295, 482, 758, 775, 904 (II) 10, 85,
89f., 346, 425, 668, 874, 1103
– antiitalienische Ressentiments
(I) 373
– deutsch-italienischer Konflikt
bezüglich Ö. (I) 657ff., 698
– Eigenständigkeit, Wahrung der
(I) 698 (II) 60, 110-115, 124
– Garantieerklärung Hitlers für
Unabhängigkeit Ö. (I) 657
– gescheiterter Putschversuch 1934
(I) 658f.
– »Gleichschaltung« (II) 124f.
– Hitlers Staatsbürgerschaft (I) 295f.
– Hitlers Treffen mit Schuschnigg
(12.2.1938) (II) 114-119, 1109

- ö. NSDAP (I) 208, 657ff., 904
  (II) 110, 112, 115f., 118f., 121f.,
  124f., 129f., 1108f., 1111
- »Ostmark« (Bezeichnung) (II) 131,
  136
- Regierung (I) 296, 657f. (II) 85, 109,
  111, 114f., 121f., 124, 129, 139
- Terrorwelle (I) 621, 657
- u. Tschechoslowakei (II) 138
- Volksabstimmungen (II) 109, 120ff.,
  124, 127f.
- Wahlen vom 10.4.1938 (II) 127,
  131
siehe auch Anschluß, Deutsch-öster-
reichisches Abkommen, Dollfuß-
mord, Habsburger Reich, Öster-
reichische Armee
Österreich-Ungarn siehe Habsburger
Reich
Österreichische Armee (II) 122, 125,
1043, 1113
- Heer (I) 658
- Vereidigung auf Hitler (II) 129
Osteuropa (I) 116, 197, 324, 326,
370, 620, 682, 773 (II) 26, 82, 297,
436, 468, 520, 986, 1099, 1138
siehe auch Neuordnung Europas
Ostexpansion (I) 322f., 324, 354, 367,
370 (II) 11, 61, 217, 221, 227
siehe auch »Lebensraum«, Polen-
feldzug, Rußlandfeldzug
Ostfeldzug siehe Polenfeldzug,
Rußlandfeldzug
»Ostgotengau« (II) 592
Osthilfe (I) 504, 516
»Ostland« siehe Reichskommissariat
Ostland
Ostmark siehe Österreich
Ostmarkenverein (I) 117
Ostpreußen (I) 117, 237, 346, 423,
465, 520, 584, 612, 661, 886, 905
(II) 218, 228, 332, 359, 449, 520,
550, 588, 593, 644, 661, 693, 713,
717, 738, 753, 774, 797, 809, 820,
858f., 881, 932, 936, 948, 959,
962, 971, 979, 983, 986f., 994f.,
1007, 1016, 1077, 1226, 1239,
1268

Ostrow (II) 902
Ostsee, -raum (I) 683, 903 (II) 61,
378, 388, 448f., 460, 552, 559,
564, 566, 620f., 672, 979f., 1270
Ostwall (II) 219f., 339, 546, 590, 783
OT siehe Organisation Todt
Otto (Einmarsch in Österreich)
(II) 123
siehe auch Anschluß
Overlord (alliierte Landung in der
Normandie) (II) 847, 1247
siehe auch Alliierte Landung
Oxford (II) 315

P
Paderborn (II) 236
siehe auch Universität Paderborn
Palästina (II) 191f., 206, 433, 439,
466, 696, 705, 1125f.
Panenske Brezany (II) 682
Panzerfaust (Besetzung der Budapester
Zitadelle) (II) 955f.
Paris (I) 63f., 118, 700 (II) 238, 286,
302, 403, 405f., 434, 845, 888,
895, 915, 940f., 1137, 1170
- Champs-Elysée (II) 941
Pariser Konferenz (1921) (I) 204, 243
Parteikanzlei der NSDAP (II) 493,
568, 572, 653, 741f., 745, 801,
925, 928, 1002, 1019
Parlamentarische Demokratie siehe
Demokratie
Parlamentarismus (I) 67, 111, 244,
285f., 290, 422, 504, 556 (II) 229
siehe auch Antiparlamentarismus,
Demokratie
Parteitage der NSDAP siehe Reichs-
parteitage
Partisanenkrieg (II) 519, 549, 623,
626f., 652, 1208
Pas de Calais (II) 848, 1247
Pasewalk, Preußisches Reserve-Laza-
rett (I) 102, 137, 143-146, 151,
163, 165, 172, 484, 794, 976
Passau (I) 38f., 44, 295f., 760, 786
Pax Americana (II) 10
Pax Hitleriana (I) 342
Pazifik (II) 456, 613, 948

Pazifismus (I) 84, 146, 370, 389, 419, 560, 775 (II) 229f.
Pearl Harbor, Angriff auf (7.12.1941) (II) 483, 594, 597ff., 601, 647, 650f., 1202f.
Peenemünde (II) 823
Persischer Golf (II) 378, 415, 448f., 504, 677
»Persönlichkeitswert« (in Hitlers Rassedenken) (I) 370f.
Petersberg (Bad Godesberg) (II) 169
Pfarrernotbund (I) 619
Pfaueninsel (II) 38
Pfeilkreuzpartei (II) 955ff.
Phoney war (II) 376
Pissia (II) 331
Plan Z (II) 219, 273, 386, 1118
Plattensee (II) 981, 1016
Plauen (I) 415
Plebiszite *siehe* Volksabstimmungen
Ploesti (II) 446, 458, 840
Plön (II) 1054, 1070
Plötzensee, Gefängnis (II) 905f.
Pluralismus (I) 110, 112, 190, 379, 386, 511, 585
Po-Ebene (II) 765
Pogrome (I) 64, 115, 169, 703 (II) 134, 193f., 207, 336, 620, 624
siehe auch Judenverfolgung, Novemberpogrom
Polavy, Brückenkopf von (II) 979
Polen (I) 621f., 624, 652, 682, 684, 689, 729, 896 (II) 27, 82, 86, 138, 147f., 169, 194, 217f., 227, 236, 238-244, 248, 254, 272ff., 287, 289, 292, 297, 307, 321, 327, 332, 347, 362, 377, 381, 385, 426, 432, 449, 452, 467f., 472, 580, 582, 629, 642ff., 683, 804, 877, 905, 944, 981, 983, 986, 1076f., 1080, 1136, 1138f., 1141, 1162
– Annexionen durch das Reich (II) 332, 338, 425
– antipolnische Ressentiments (I) 624, 682ff. (II) 256, 330, 877, 944
– Antisemitismus (I) 510 (II) 431
– Danzig-Frage, Korridor (I) 683

(II) 218f., 227f., 241ff., 245, 255, 273, 284ff., 288, 305-310, 312, 316, 331, 1103, 1133, 1145
– deutsche Isolierungsversuche (II) 274, 276f.
– deutsche Minderheit (I) 324 (II) 284, 288, 299f., 305, 333, 335f.
– u. Frankreich (II) 218, 331
– in Hitlers Denken (II) 89, 213, 221, 228, 330f., 339, 344, 1134, 1157, 1162
– Juden, Judenverfolgung (II) 191, 326f., 337ff., 341f., 348, 428f., 466, 618, 625, 643f., 685f., 758, 784, 1126, 1156
– Massenliquidierung von Polen (II) 644f., 759, 1222
– Mobilmachung März 1939 (II) 241, 255
– Nationalsozialisten (I) 208
– Pläne für das besetzte Polen (II) 330ff., 338ff.
– Regierung (I) 683 (II) 215, 218, 228, 242, 255, 1133, 1175
– Teilung (II) 279f., 331, 364, 417
siehe auch Deutsch-Polnischer Nichtangriffspakt, Garantieerklärung für Polen, Generalgouvernement, »Intelligenzaktion«, Polenfeldzug, Polnische Armee, Warthegau
Polenfeldzug (II) 102, 223, 256, 268, 274, 293ff., 328f., 333, 361, 363, 378, 386f., 393, 476, 877
– deutscher Angriff (1.9.1939) (II) 218, 252, 273, 275, 280f., 290, 301-306, 310-313, 316, 319, 321f., 328, 330, 341f., 370, 376, 396, 421, 428, 465, 655, 1056, 1138, 1145, 1148
– Einsatzgruppen (II) 334f., 337f., 340f., 1155
– ethnische »Säuberungen« (II) 334, 336, 343f., 621
– Haltung der Wehrmacht (II) 243f., 256, 291, 295f., 342ff.
– u. Juden (II) 337ff., 341f., 381
– u. Krieg im Westen (II) 274ff., 285f.,

294f., 301, 304, 310f., 316, 318f.,
331, 334, 361-364, 387, 393
- Mobilmachung (II) 302, 305
- Reaktionen gewöhnlicher Deutscher
(II) 333f.
- Tote, Verletzte (II) 329, 1154
siehe auch »Intelligenzaktion«,
Weiß
Politik der »verbrannten Erde«
(II) 609, 938, 958, 1012-1015, 1038
Politische Morde (I) 125f., 157, 219,
413, 462, 476f. (II) 18, 46
siehe auch Dollfußmord, Eisnermord,
Erzbergermord, Liebknechtmord,
Luxemburgmord, Rathenaumord,
»Nacht der langen Messer«
Politische Polizei München (I) 223
Politischer Arbeiterzirkel (I) 184, 188,
800
Polnische Armee (II) 241f., 244, 328f.,
392, 1139
Poltawa (II) 596, 689, 692, 869
Polykratie, Ämterchaos (I) 19, 594f.,
666, 669, 675f., 678, 754 (II) 57,
420, 423f., 426f., 550, 568, 736,
739, 742, 746f.
siehe auch »Führerstaat«
Pommern (I) 137, 340, 342, 350, 384,
423, 441 (II) 359, 982f., 986, 1007,
1010, 1015
Pomßen (II) 356
Ponza (II) 773
Portugal (II) 1171
Portugiesisich-Angola (II) 1176
Posen (II) 332, 340, 345, 359
- Stadt Posen (II) 426, 577, 629, 634,
647, 731, 760, 786, 904, 921,
981f., 1271
siehe auch Wartheland
Potempa (I) 476f., 514
Potsdam (I) 707 (II) 1036, 1042,
1046, 1048, 1054, 1061
- Garnisonskirche (I) 588f.
- Schloß Sanssouci (II) 74
siehe auch »Reichsjugendtag«, »Tag
von Potsdam«
Prag (I) 604, 654, 694 (II) 135, 153,
161f., 225, 228, 231-234, 236, 389,

428, 641, 682f., 691, 895, 1022,
1032, 1137
- Hradschin (II) 234f., 682
- Karlsbrücke (II) 265
Präsidialkabinette (I) 460, 474, 480,
489ff., 519
Präsidialkanzlei (II) 307, 925
Preissteigerung *siehe* Teuerung
Presse (I) 15, 64, 162, 192, 388, 394,
417, 446, 484f., 587, 607, 625,
642, 719, 758, 860, 917 (II) 16, 40,
58f., 121, 131, 151, 182, 195, 211,
241, 252, 285, 287, 414, 524, 579,
630, 650, 720, 822, 849
- antisemitische (I) 97f., 101, 103f.,
162
- ausländische (I) 425f., 453, 600,
638, 642 (II) 118, 207, 286, 824,
998
- bürgerliche / liberale (I) 96, 98, 158,
481, 484
- katholische (I) 527
- marxistische (I) 98
- nationalistische / völkische (I) 96,
297, 324, 327, 396, 405, 493, 722
- Pressefreiheit (I) 557, 582
- Zensur (I) 117, 157, 190, 577, 607
(II) 188
siehe auch Propaganda, Reichspresse-
kammer
Pretzsch (II) 505, 619
Preußen (I) 66, 217, 324, 458, 465,
489, 510, 519f., 595, 630, 633,
819, 884, 920 (II) 11, 1258
- Armee (I) 141, 156
- Finanzministerium (II) 748, 972
- Gestapo (I) 581, 637, 678f.
- Gestapo-Gesetz (10.2.1936) (I) 679
- Hohenzollern-Dynastie (I) 114, 588,
641
- Innenministerium (I) 464f., 478,
519f., 581, 595, 648
- Landtag (I) 595, 884
- Landtagswahl 1928 (I) 458
- Landtagswahl 1932 (I) 456ff.
- Landtagswahl 1933 (I) 595
- Polizei (I) 520, 562, 576, 595
- Regierung (I) 389, 595, 615, 619

- Reichskommissariat (I) 462, 477, 490, 520, 522, 576
- Terrorwelle Feb. 1933 (I) 562, 576ff., 582f., 587
- Verbot öffentlicher Auftritte Hitlers (I) 333, 347, 376, 389
siehe auch Ostpreußen, Preußenschlag
Preußenschlag (20.7.1932) (I) 462f., 490, 525, 576, 581, 586, 595, 884
Preußische Akademie der Künste (I) 608, 610
Prien (I) 466
Prinz (Hitlers Hund) (I) 319, 365
Prinz Eugen (Kreuzer) (II) 665
Pripjet-Sümpfe (II) 461, 467, 489, 528, 620, 649, 1214
Privateigentum (I) 354
Proletariat (I) 64, 88, 95f., 156, 182, 372, 384
Propaganda (I) 25, 62, 69, 95, 116f., 137, 158f., 165f., 172, 188, 195, 204, 225, 240, 244f., 246, 251, 253, 269, 300, 330, 371, 376, 383ff., 388, 394, 396, 405, 407ff., 417f., 455f., 459f., 463, 482, 484f., 501, 506, 515, 570f., 578, 588, 607, 619, 625, 638f., 641, 655, 668, 676, 687, 721f., 731, 815, 878, 909, 921 (II) 10, 15f., 19f., 52, 61, 64f., 80, 99, 142, 164, 223, 228, 248f., 255, 334, 376, 407, 414, 424, 427, 489, 501f., 579, 582, 597, 599, 687, 722, 727, 733f., 747, 771, 775f., 792, 831, 836, 922f., 928, 930, 951, 969, 1021, 1056, 1079, 1091, 1189, 1229, 1257, 1268
- »Anschluß« (II) 123, 127, 131f.
- antisemitische (I) 182, 703f. (II) 200, 345, 535, 641f., 688, 759, 765, 786, 1235
- antisozialistische / antibolschewistische (I) 89 (II) 532
- Hitler als Propagandist (I) 26, 75, 109, 147, 149, 151, 168, 172f., 174-178, 185, 194f., 203, 206, 209, 215, 218, 227, 229, 275, 329, 373, 380, 427, 483, 570, 624, 673, 691f.

(II) 7, 57, 76, 78, 142, 728, 965, 1043
- Olympische Spiele (II) 35, 39f.
- Polen, Polenfeldzug (II) 284f., 295, 302, 304, 333ff., 336
- Propagandafilme (I) 463, 662
- Rußlandfeldzug (II) 510f., 514, 518, 524, 532, 570, 601, 611, 718, 1191
- Tschechoslowakei/ Sudetenkrise (II) 86, 140, 142f., 151, 161, 164, 231, 1114f.
Propagandaministerium siehe Reichsministerium für Volksaufklärung und Propaganda
»Prophezeiung« Hitlers über die Judenvernichtung siehe Reichstag
Prostitution, Prostituierte (I) 79ff., 103, 773 (II) 94, 326
- in Hitlers Denken (I) 80f., 98
Protestantismus, Protestanten (I) 229f., 343, 486 (II) 80, 1100
- Antikatholizismus (I) 340
- u. Führerkult (I) 231
- Verhältnis zum Nationalsozialismus (I) 423, 511, 552f., 723 (II) 20, 248, 1100
siehe auch Evangelische Kirche
»Protokolle der Weisen von Zion« (I) 199 (II) 765
Puch (II) 462
Puritanismus (I) 80
»Putzkolonnen« (II) 134

R

Radio Stockholm (II) 1050
RAF siehe Royal Air Force
Rangsdorf, Flughafen (II) 886
Rapallo, Vertrag von (16.4.1922) (I) 372, 684
Rassenfrage (I) 302
Rassenhygiene siehe Eugenik
Rassenkampf (I) 85, 302, 304, 785 (II) 22, 342, 472
»Rassenkunde« (I) 406, 776
Rassenpolitik (I) 587, 615f., 669, 677 (II) 57, 326, 333, 341, 351, 427, 432

siehe auch Deportation, Eugenik,
Ethnische »Säuberung«, Germani-
sierung„ »Umsiedlung« »Volkstums-
kampf«
»Rassenreinheit« (I) 85, 180, 371,
420, 708 (II) 63f., 108, 325, 457
»Rassenschande« (I) 389, 704, 708f.,
712, 717
Rassentheorie (I) 86f., 169, 197, 326,
785 (II) 333
siehe auch Rassismus
»Rassewert« (I) 370
Rassismus (I) 15, 64, 85, 109, 113-
117, 178, 180, 184, 326, 381, 494,
551, 608, 785 (II) 25, 104
– Hitlers Rassedenken (I) 18, 26, 197,
370, 374, 382, 415, 419, 569 (II)
22, 53, 80, 90, 111, 330, 339, 547,
666, 689f., 841, 1025
siehe auch Antisemitismus, Neu-
ordnung Europas, »Rassenschande«,
Rassentheorie
Rastenburg (II) 449, 520, 530, 663,
693, 809, 858, 870, 881
Räterepublik *siehe* München
Rathenaumord (24.6.1922) (I) 223, 819
Ravensbrück *siehe* Konzentrations-
lager
Realismus (Architektur) (I) 74
Rechlin (II) 281, 1037, 1054
Rechtspositivismus (II) 350
Rechtsstaat (I) 478 (II) 344, 349, 352
Reformation (I) 167, 619
Regensburg (I) 220, 870 (II) 76
Reggio di Calabria (II) 780f.
»Regierung der nationalen Konzentra-
tion« (I) 547, 555, 579
Regierungs-Wechsel (I) 570
Das Reich (II) 641f., 670
Reichsarbeitsgemeinschaft der Heil-
und Pflegeanstalten (II) 358, 1161
Reichsarbeitsministerium (I) 464, 521,
569, 603, 675, 729
Reichsaußenministerium *siehe* Aus-
wärtiges Amt
Reichsausschuß zur wissenschaftlichen
Erfassung erb- und anlagebedingter
schwerer Leiden (II) 357

»Reichsausschuß für das deutsche
Volksbegehren« (I) 395, 414
Reichsbahn (I) 387, 573, 848, 929
Reichsbank (I) 465, 565, 719
(II) 222
Reichsbanner Schwarz-Rot-Gold
(I) 166, 476, 581, 587, 603, 873
Reichsbund der Kriegsbeschädigten,
Kriegsteilnehmer und Kriegshinter-
bliebenen (I) 139
Reichsbürgergesetz *siehe* Nürnberger
Gesetze
Reichsfeinde (I) 112
Reichsfinanzministerium (I) 465, 520
(II) 748
Reichsflagge (paramilitärische Einheit)
(I) 221, 226, 246f., 252, 818
Reichsgericht, Leipzig (I) 271, 426f.,
826
»Reichsjugendtag«, Potsdam (2. Okt.
1932) (I) 482f.
Reichsjustizministerium (I) 465, 520,
601, 709f., 715, 907 (II) 356, 575,
653, 668-671, 1258
Reichskanzlei (I) 467, 522, 526, 557,
569, 611, 613f., 623, 632, 649,
670, 672, 693, 687, 727, 736, 867,
880, 920 (II) 69f., 83, 87, 95, 98,
122-125, 161, 171f., 174, 176, 235,
247f., 252, 255, 301-304, 306f.,
309ff., 340, 355, 358, 369, 375,
377, 391, 393, 406, 421, 469, 472,
508, 510, 530, 575f., 581, 651,
653, 671, 674, 678, 681, 741, 816,
924f., 995, 1002ff., 1007, 1011,
1017, 1027ff., 1031, 1041, 1044f.,
1048ff., 1054, 1060ff., 1067-1071,
1282, 1286
– Alte Reichskanzlei (II) 1002, 1004,
1098
– »Führerwohnung« (II) 69, 72, 1003,
1031
– Neue Reichskanzlei (II) 229, 232f.,
256, 266, 272, 535, 1002, 1004f.,
1060, 1062, 1069, 1098, 1276
siehe auch Führerbunker
Reichskommissariat für Preisüber-
wachung (I) 726ff. (II) 53

Reichskommissariat Ostland (II) 550, 646, 652, 1077
Reichskommissariat Ukraine (II) 550, 652
Reichskonkordat (20.7.1933) (I) 605, 616f. (II) 79
Reichskriegsflagge (I) 385, 829
Reichskriegsministerium (II) 42, 83, 93f., 100
siehe auch Reichswehrministerium (bis 1.6.1935)
»Reichskristallnacht« *siehe* Novemberpogrom 1938
Reichskulturkammer (II) 928
Reichslandbund (I) 488, 513, 515, 566
Reichsluftfahrtskommissariat (I) 563
Reichsluftfahrtsministerium (I) 465 (II) 38f., 183, 203
Reichsministerium des Inneren (I) 333, 464f., 514, 518ff., 713, 715, 718f. (II) 123, 128, 340, 354, 356ff., 653
– Abt. Volksgesundheit (I) 615 (II) 356
– Verfassungsabteilung (II) 421
Reichsministerium für die besetzten Ostgebiete (II) 549, 643, 646, 653
Reichsministerium für Ernährung und Landwirtschaft (I) 27, 465, 665 (II) 42
Reichsministerium für Post und Transport (I) 520, 573 (II) 668
Reichsministerium für Rüstung und Kriegsproduktion (II) 837, 840
Reichsministerium für Volksaufklärung und Propaganda (I) 465, 520f., 613f., 737 (II) 121, 123, 161, 423, 464, 469, 484, 505, 510, 631, 653, 738, 740, 889, 891, 901, 920, 926, 930, 948, 990, 997, 1158, 1211
Reichsmythos (I) 113 (II) 1099
Reichsnährstand (I) 639, 725 (II) 16, 76
Reichsparteitage der NSDAP (I) 229, 677 (II) 661
– »Reichsparteitag« 1923, München (I) 244f., 251, 312
– Reichsparteitag 1926, Weimar (I) 320, 358, 360, 363, 370, 381

– Reichsparteitag 1927, Nürnberg (I) 320, 360, 376, 381, 396, 831
– Reichsparteitag 1929, Nürnberg (I) 396, 352
– Reichsparteitag 1933, Nürnberg (I) 634
– Reichsparteitag 1934, Nürnberg (I) 662 (II) 37
– Reichsparteitag 1935, Nürnberg (I) 702, 711-717, 720f.
– Reichsparteitag 1936, Nürnberg (I) 743 (II) 44f., 50-53, 57f.
– Reichsparteitag 1937, Nürnberg (II) 73, 75f., 86
– Reichsparteitag 1938, Nürnberg (II) 162, 164
– Reichsparteitag 1939 (Vorbereitungen) (II) 280, 302
Reichspost (II) 233, 926, 929
Reichspressekammer (I) 130, 205
Reichsrat (I) 592
Reichsschriftumskammer (I) 790
Reichssicherheits-Hauptamt (RSHA) (II) 466, 505, 534, 619, 629, 631, 634, 637, 646, 653, 785, 877, 1051, 1076, 1207, 1209
Reichsstand der Deutschen Industrie (I) 568
Reichstag (I) 110, 114, 127, 141, 230, 234, 270, 286, 335, 387, 412, 437, 453f., 460ff., 466, 468, 473, 478, 481, 488ff., 518f., 521, 552, 555f., 588, 592, 709, 737, 819 (II) 24, 75, 669, 671, 700
– Abgeordnetenimmunität (I) 549, 848
– Auflösung (I) 411f., 416, 422, 454, 460ff., 465f., 479-482, 491, 516, 518, 523f., 555ff., 624f., 737, 869 (II) 131
– Ermächtigungsgesetz-Debatte (23.3.1933) (I) 589-593, 603
– Hitlers erste »Friedensrede« (17.5.1933) (I) 604, 622f., 698
– Hitlers Kriegserklärung an die USA (11.12.1941) (II) 597-601
– Hitlers »Prophezeiung« über die Judenvernichtung (30.1.1939)

(II) 183, 214, 219, 437, 465f., 534,
615, 618, 621, 632, 638, 642f.,
647, 649-652, 655f., 680, 687, 704,
709, 766, 786, 842, 1056, 1132,
1180
- Hitlers Rechtfertigung der »Nacht
der langen Messer« (13.7.1934)
(I) 540, 627, 652ff., 903
- Hitlers Rede am 20.2.1938 (II) 103f.,
115f., 118f., 241
- Hitlers Rede am 6.10.1939 (II) 332,
340, 364f., 1162
- Hitlers Rede am 19.7.1940 (II) 406-
411, 414, 500f.
- Hitlers Rede am 26.4.1942 (II) 671-
675
- Hitlers Rede zu den Nürnberger
Gesetzen (15.9.1935) (I) 716f.
- Hitlers Rede zum »Anschluß«
(18.3.1938) (II) 131, 1110
- Hitlers Rede zum Balkanfeldzug
(4.5.1941) (II) 487, 489, 580
- Hitlers Rede zum Roosevelt-Tele-
gramm (28.4.1939) (II) 249, 254f.
- Hitlers Rede zum Überfall auf Polen
(1.9.1939) (II) 252f., 312f., 1151
- Hitlers Rede zum vierten Jahrestag
der Machtübernahme (30.1.1937)
(II) 63ff., 76f.
- Hitlers Rede zur Remilitarisierung
des Rheinlands (7.3.1936) (I) 737ff.
(II) 15
- Hitlers zweite »Friedensrede«
(21.5.1935) (I) 698ff.
- Verabschiedung der Nürnberger
Gesetze (I) 713ff., 717
siehe auch Reichstagswahlen
Reichstagsbrand (27.3.1933) (I)
579ff., 584, 601, 622, 646, 888f.
(II) 104
Reichstagswahlen (I) 409 (II) 7f.
- von 1912 (I) 112
- von 1920 (I) 181, 525
- von Mai 1924 (I) 267, 284, 292
- von Dez. 1924 (I) 267, 279, 281,
291f., 297, 335, 346, 367, 387f.
- von 1928 (I) 335, 383, 386-389,
391f., 395, 422f., 464, 846, 856

- von 1930 (I) 408, 412, 417ff., 422-
426, 464
- von Juli 1932 (I) 451, 462ff., 493,
511, 515 (II) 7
- von Nov. 1932 (I) 469, 478, 481,
483-487, 495, 507, 511, 515, 585,
870f. (II) 8
- von März 1933 (I) 557, 559, 567,
572f., 578, 584ff., 594, 596
- »Wahlen« von Nov. 1933 (I) 625f.,
897
- »Wahlen« von März 1936 (I) 742
(II) 15, 33
- »Wahlen« von April 1938 (II) 131,
1114
siehe auch Wahlbeteiligung
Reichsverband der Deutschen Indu-
strie (I) 566, 568
Reichsverteidigungskommissare
(II) 749f., 921f., 926
Reichsverteidigungsrat (II) 222, 309,
421
Reichswehr (I) 147, 151, 165, 172,
193, 201, 222, 245, 249, 251, 255,
257, 296, 426f., 459f., 465, 473,
479, 492, 497, 517, 522, 554f.,
565, 582, 592, 596, 630, 643, 660,
682, 694, 855, 898
(II) 83, 100, 291, 314, 1072
- Antirepublikanismus (I) 335 (II) 868
- Antisemitismus (I) 169
- Demobilisierung (I) 146f., 160, 163
- Demokratisierung, ausgebliebene
(I) 153
- Einsatz gegen Revolutionäre (I) 151,
153, 156, 255
- Erhöhung der Truppenstärke
(I) 620f., 685, 689-693, 885 (II) 18, 27
- finanzielle Unterstützung der
NSDAP (I) 201f.
- u. Gleichschaltung (I) 553
- Hitlers Rede vor Offizieren
(3.2.1933) (I) 559ff.
- u. »Nacht der langen Messer«
(I) 644ff., 651, 655f.
- Reichswehrführung (I) 459, 561f.,
564ff., 621, 630, 633, 660f., 667,
685f., 688-692, 695, 900

SACHREGISTER

– Treueid auf Hitler (I) 553, 660f.
(II) 410, 864, 891f.
– Unterstützung des NS-Regimes
(I) 553, 560-563, 565f., 588, 642
(II) 1079
– Verhältnis zur SA (I) 247f., 627, 629f.,
633, 635ff., 644, 899 (II) 18, 476
– Verhältnis zur SS (I) 685
– als Werkzeug Hitlers (I) 656
siehe auch Aufrüstung, Bayrische
Reichswehr *(auch zu Hitler)*,
Blomberg-Fritsch-Krise, Leipziger
Reichswehrprozeß, Wehrmacht
(ab 16.3.1935)
Reichswehrministerium (I) 519f., 563,
620, 633, 635, 728, 879, 885
siehe auch Reichskriegsministerium
(ab 1.6.1935)
Reichswerke-Hermann-Göring (II) 221
Reichswirtschaftsministerium (I) 519,
521, 569, 675, 710, 719 (II) 43, 53,
55, 57, 102, 222
Reichszentrale für jüdische Auswande-
rung (II) 208
Reims (II) 1073f.
Reinhardt-Aktion *siehe* Aktion
Reinhardt
Remagen (II) 984
Reparationen (I) 204, 243, 267, 333,
390, 395, 408, 428, 447, 459f., 808
(II) 27, 442, 874, 1006
siehe auch Erfüllungspolitik, Dawes-
Plan, Deflationspolitik, Lausanne,
Young-Plan
Republikschutzgesetz *siehe Gesetz
zum Schutz der Republik*
Rentenmark (I) 267
Reuters (Nachrichtenagentur)
(II) 1050
Reval (I) 281 (II) 642
Revisionismus (I) 321, 620, 682, 714
(II) 120, 136f., 217, 253, 333
– Grenzen von 1914 (I) 321
Revolution von 1918/19 (I) 109, 152-
159, 162f., 178, 180, 222, 231,
242f., 247, 259, 293, 345, 389,
463, 527, 562, 609, 618, 723
(II) 22, 173, 364, 778, 798, 1132

– Ausrufung der Republik (I) 143
– in Hitlers Denken (I) 25, 102, 137,
143ff., 368, 580 (II) 211, 229, 569,
632, 908, 911, 968, 970, 1132,
1201
– Rat der Volksbeauftragten (I) 153f.
siehe auch Arbeiter- und Soldatenräte,
München, »Novemberverbrecher«,
Versailler Vertrag, Weimarer
Republik
»Revolution von oben« (I) 109
Revolutionäre Gewerkschaftsopposi-
tion (RGO) (I) 871
RGO *siehe* Revolutionäre Gewerk-
schaftsopposition
Rhein (I) 113, 231, 350, 731 (II) 159,
167, 169, 910, 918, 983f., 1007
Rheinisch-Westfälische Zeitung (I) 475
Rheinland (I) 342, 395, 674, 705
(II) 989, 1008
– Remilitarisierung (I) 544, 667, 681,
689, 698, 730-742, 913, 922f.
(II) 15f., 18f., 29, 33f., 49, 58, 77,
107, 109f., 121, 141, 294, 1106f.
Rheydt (I) 350
Ribbentrop-Molotow-Pakt *siehe*
Deutsch-sowjetischer Nichtangriffs-
pakt
Riem, Pferderennbahn (II) 750
Riga (II) 642, 645f.
Riviera (II) 526
»Röhm-Putsch« *siehe* »Nacht der
langen Messer«
Rohstoffe (I) 68 (II) 62, 87, 90, 254,
273, 275, 377, 457, 528, 735, 909,
937, 980, 999, 1103, 1141, 1204,
1244, 1270
– Balkan (II) 277, 830, 936, 1270
– Kaukasus (II) 461, 589, 677, 694,
696, 1204, 1224
– Österreich (II) 85, 110, 112f., 221
– Rumänien (II) 277, 412f., 441, 446,
558ff., 565, 720, 784
– Skandinavien (II) 276, 389, 528,
817, 1141, 1270
– Sowjetunion (II) 290, 457, 512, 558f.,
560, 562f., 581, 592, 676, 680f.,
695f., 704f., 780, 784, 1194, 1224

- Spanien (II) 46, 48, 50, 1141
- Tschechoslowakei (II) 139, 221, 226
siehe auch Rohstoffmangel
Rohstoffmangel (I) 638f., 724, 727,
    729 (II) 19, 27, 40-43, 85, 113, 222,
    376, 398, 952, 1092, 1134
Rolf Eidhalt (I) 282
Rom (I) 38, 229f., 532, 700, 730, 735
    (II) 60f., 85, 102, 150f., 260, 303,
    396, 493, 497, 711, 716, 773-777,
    780f., 785, 843
- Luftangriffe (II) 771
siehe auch Römisches Imperium
Roma *siehe* Sinti und Roma
Romantik (I) 378
Rominten (II) 924
Römisches Imperium (I) 246 (II) 648
Rosenheim (I) 195, 199, 207, 264
Rosslawl (II) 605
Rostock (II) 671f.
Rostow (II) 460, 591, 593f., 596, 695
Rote Armee (II) 329f., 412, 417, 450,
    502f., 506ff., 517, 523ff., 555, 557,
    561, 563, 566, 570, 581, 583,
    586f., 589, 604, 622f., 671, 676,
    678, 690, 694, 713, 719, 721ff.,
    753f., 770, 780, 783, 800, *803,
    813, 815*, 828, 854, 858, 866f.,
    899, 909, 911, 923, 930, 932,
    941-944, 959, 969ff., 979f., 982f.,
    985-988, 992, 994, 1005, 1007,
    1010, 1016, 1020-1023, 1031,
    1036, 1041f., 1060, 1072, 1197,
    1248
- 5. Sowjetische Armee (II) 558
- Luftwaffe (II) 458, 462, 519, 525
- »Russenangst« (II) 971, 986ff.,
    1022, 1272
- Vergewaltigungen, Greueltaten
    (II) 959, 987, 1268
Roter Frontkämpferbund (II) 372
Die Rothschilds (Spielfilm 1940)
    (II) 570
Rotterdam, Bombardierung von
    (II) 399
Royal Air Force (RAF) (II) 402, 417f.,
    491, 504, 603, 689, 777, 934, 942,
    985, 1041, 1173, 1216, 1222

Royal Navy siehe Britische Flotte
Rschew (II) 698
RSHA *siehe* Reichssicherheits-Haupt-
    amt
Rüdesheim (I) 113
Ruhrbesetzung (I) 242ff., 248, 355
- »Passiver Widerstand« (I) 243f.,
    254f., 814
Ruhrgebiet (I) 241, 246, 355f., 383,
    390, 417, 542, 741 (II) 62, 223,
    235, 251, 363, 365, 379, 579, 763,
    937, 1012, 1020f., 1263
siehe auch Ruhrbesetzung
Rumänien (I) 694 (II) 138, 147, 191,
    237, 277, 446-449, 480, 540, 706,
    720f., 726, 817, 828f., 936, 942,
    954f., 1244
- Judenverfolgung (I) 510 (II) 757f.
- Ölfelder (II) 277, 412f., 441, 446,
    458, 462f., 479, 512, 558ff., 565,
    720, 784, 840, 1172, 1193
- Treffen Hitler-Antonescu (München;
    12.6.1941) (II) 507f.
- Treffen Hitler-Antonescu (Kleßheim;
    26.-28.2.1943) (II) 828
- Treffen Hitler-Antonescu (Berghof,
    12.4.1943) (II) 757f., 760
Rumänische Armee (II) 447, 461, 507,
    713, 721, 726, 783f., 827f., 830,
    834, 942, 1227
Rundfunk (I) 263, 334, 481, 550, 607,
    643, 703, 707, 869, 882 (II) 39,
    125, 127, 176, 263, 310f., 314,
    484, 510f., 570, 608, 650, 704,
    708, 717, 734f., 797, 887, 889f.,
    892, 913f., 925, 943, 954, 956,
    1050, 1070, 1255
- Hitlers Rundfunkreden (I) 557f.,
    573f., 577, 584, 587, 608, 614,
    619, 625, 738, 885 (II) 50, 119,
    255, 710, 738, 778, 781, 787f.,
    797, 820f., 835, 895f., 915, 917,
    961, 968, 999f., 1017, 1139,
    1256
siehe auch Sowjetischer Rundfunk,
    Radio Stockholm, Volksempfänger
Russischer Bürgerkrieg (I) 158, 199,
    806, 832

Russische Revolution von 1905 (I) 69, 156
Russische Revolution von 1917 (I) 141, 158, 199, 1229
Russisches Zarenreich (II) 765
– Judenpogrome (I) 64, 115
Rußland *siehe* Russischer Bürgerkrieg, Russische Revolution von 1905, Russische Revolution von 1917, Russisches Zarenreich, Sowjetunion
Rußlandfeldzug (I) 329 (II) 328, 335, 343, 456, 466, 482, 489, 499f., 515, 522, 524, 551-566, 569, 580-593, 600-613, 628f., 638, 651, 661f., 671, 674, 676ff., 680ff., 688ff., 692-706, 739, 769f., 780, 783f., 800, 817, 826, 832ff., 858f., 909, 939, 973f., 995, 1006, 1172, 1179, 1204, 1212, 1222, 1231
– Defizite / Scheitern des Einsatzplans (II) 488f., 551, 554, 564
– deutsche Anfangserfolge (II) 517-520, 523ff., 551, 563
– deutsche Frühjahrsoffensive 1942 (II) 600ff., 612, 659f., 666, 677f.
– deutsche Sommeroffensive 1942 (II) 674, 677, 680, 688f., 692, 694-701
– deutscher Angriff (22.6.1941) (II) 242, 383, 413, 415ff., 425, 436f., 438ff., 445ff., 449ff., 455, 457, 459ff., 471, 479, 480, 487f., 499, 502f., 507-514, 517ff., 524, 533, 549, 564, 582, 587, 618f., 1172f., 1184
– Haltung der Wehrmacht (II) 413-417, 450, 452, 455, 459ff., 472ff., 477, 489, 508, 513, 564, 677f., 694
– Hitlers Eingreifen in die Kriegsführung (II) 551-560, 564, 566, 583, 605-608, 617, 855ff., 1206
– Kriegsverbrechen / Völkermord (II) 343f., 348, 472, 519, 617-627
– u. öffentliche Meinung (II) 524, 569ff., 575, 578, 601, 661, 667, 973
– ökonomische Motive (II) 457f., 512
– sowjetische (Gegen-)Offensiven (II) 594, 604-607, 647, 713, 770, 776, 799, 833ff., 853ff., 857f., 923, 941f., 954, 978-983, 991, 994
– Tote u. Verletzte (II) 519, 554, 563, 599, 678, 718, 834, 1201, 1203
– Unterschätzung des sowjetischen Militärpotentials (II) 413, 417, 450, 455f., 460, 473, 489, 508f., 513, 515, 525, 555f., 565f., 589
– Versorgungsprobleme (II) 459, 554, 585f., 590ff., 600ff., 608, 662, 705f., 1200
– Winterkrise 1941/42 (II) 585f., 588, 590, 594, 608, 610-613, 650, 659, 661, 666f., 679, 707, 753, 796, 800, 802, 867, 974, 1205
siehe auch Aufbau Ost, Barbarossa, Barbarossabefehl, *Blau*, Einsatzgruppen, *Feuerzauber*, Kommissarbefehl, Neuordnung Europas, *Nordlicht*, Partisanenkrieg, Stalingrad, *Taifun*, Weisungen Hitlers für die Kriegsführung, *Zitadelle*
Rüstung *siehe* Aufrüstung
Rüstungsindustrie (I) 141, 724f. (II) 41f., 62, 139, 223, 251, 379, 652, 663, 665, 684, 705, 735, 740f., 927, 929, 1103, 1220f.
siehe auch Aufrüstung
Ruthenien (II) 217f., 227f.

S

SA *siehe* Sturmabteilung
Der SA-Mann (I) 634
Saar (I) 512 (II) 1013
Saar-Pfalz, Gau (II) 129, 426, 435
Saarabstimmung *siehe* Volksabstimmungen
Saarbrücken (I) 688, 690 (II) 403
Saarland (I) 686ff.
– Sozialstruktur (I) 687
Sachalin (II) 449
Sachsen (I) 130, 254, 413, 482, 585, 707, 865 (II) 128, 339, 1022, 1258, 1285
– Landtagswahl 1929 (I) 394f.
– Landtagswahl 1930 (I) 412, 415f., 422
– Redeverbot Hitlers (I) 374

– Regierung 254f.
Säkularisierung (I) 231
Salerno, Golf von (II) 781
Salò (II) 783
Saloniki (II) 480, 486, 774
Salzburg (I) 124, 208 (II) 115, 117,
  165, 287, 289, 293, 300, 462, 541,
  675, 751, 836, 850f., 1286
Salzkammergut (II) 774
San (II) 297, 331
San Franzisco (II) 158
San Remo (II) 231
Sanssouci *siehe* Potsdam
Saône (II) 940
Saporoshje (II) 780, 783, 869
Sarajevo (I) 125
Sardinien (II) 763f., 771, 781
»Säuberungen« (I) 655, 685, 903
  (II) 155, 190, 341, 424, 427, 429,
  913
– Beamtenapparat (I) 406, 576, 610
– Berliner NSDAP (I) 415f., 441
– stalinistische (II) 84, 388, 417, 900,
  913
siehe auch »Ethnische Säuberungen«,
  Judenvernichtung
Scharnhorst (Schlachtschiff) (II) 665,
  1216
Schaumburg-Lippe (I) 585
Scheldemündung (II) 941, 1264
»Schieber« (I) 190, 197, 254
Schlacht um England *siehe Battle of
  Britain*
Schlesien (I) 346, 441, 477 (II) 332,
  412, 587, 874, 936, 978, 981f.,
  986, 1010, 1101
Schleswig-Holstein (I) 384, 408, 423,
  441 (II) 1072
Schleswig-Holstein (Schlachtschiff)
  (II) 312, 1151
Schönbrunn, Schloß *siehe* Wien
Schönerer-Bewegung (I) 49, 66f.,
  79f., 85, 94, 96, 98f., 102, 179,
  779
Schorfheide (II) 1029
Schottland (II) 489f., 492, 494, 499
Schutzhaft (I) 557, 582, 587, 648,
  679, 907f. (II) 133, 193

Schutzstaffel (SS) (I) 24, 358, 384f.,
  440, 448, 550, 585f., 589f., 594,
  632, 635, 637, 643, 676, 678, 680,
  740, 854, 862 (II) 108, 135, 145,
  185, 197f., 244, 311, 327, 334,
  336, 340ff., 359, 423, 426, 433,
  476, 519, 549f., 683, 779, 827,
  887, 889, 891, 905, 920, 922, 933,
  1034, 1049f., 1052f., 1122, 1128,
  1155, 1182, 1209, 1275
– Entstehung (I) 358
– ethnische »Säuberungen« (II) 334,
  337, 341
– u. Euthanasieaktion (II) 359
– Hilfspolizeifunktion (I) 576f.
– Ideologie, Dynamik (I) 86, 656,
  676, 678ff. (II) 108, 185f., 424, 513
– Judenverfolgung, -vernichtung
  (I) 703 (II) 186, 208, 338, 436f.,
  643, 767, 785, 787, 958, 992, 994,
  1213f., 1235
– Kommunistenverfolgung (I) 582
– Mitgliedsstärke (I) 841
– Reichsparteitage (I) 358, 396, 714
– u. Rußlandfeldzug (II) 469ff.
– Verbot (I) 458f., 462
– Verhältnis zur Reichswehr / Wehr-
  macht (I) 685 (II) 342f., 621
– Verhältnis zur SA (I) 431, 438, 656,
  841
siehe auch Leibstandarte-SS Adolf
  Hitler, Sicherheitsdienst (SD),
  Waffen-SS
Schwaben (I) 256, 267 (II) 407
Schwanenwerder (II) 210
Schwarz-Weiß-Rot siehe Nationalis-
  mus
Schwarze Front (I) 417
Das Schwarze Korps (II) 212f.,
  354
»Schwarze Reichswehr« (I) 821
»Schwarzer Freitag« (24.10.1929)
  (I) 392, 395, 397, 405
Schwarzes Meer (II) 559, 584, 695,
  833
Schwarzhemden (I) 229
siehe auch Britische Union der Faschi-
  sten

60 SACHREGISTER

Schwarzmarkt (I) 140 (II) 667, 670,
769f., 723, 749, 764, 775, 778,
787, 821, 914ff., 1000, 1010, 1116,
1217

Schwarzwald (II) 406, 989

Schweden (I) 200, 247 (II) 276, 380,
391, 449, 528, 785, 998, 1051,
1141, 1163, 1270

Schwedisches Konsulat, Lübeck
(II) 1052

Schwedisches Rotes Kreuz (II) 1051

Schweinfurt (I) 484 (II) 202

Schweiz (I) 242 (II) 121, 366, 374f.
(II) 496, 653, 886, 1072, 1163
– NSDAP-Landesgruppe (I) 720, 918
– Regierung (I) 918

Schwielowsee (II) 1061

SD siehe Sicherheitsdienst

Sedan (II) 395

Sedan, Schlacht von (1.9.1870) (I) 252

Sedanstag (I) 252

Seelöwe (Landung in England)
(II) 409f., 418f., 1171

Seine (II) 1246

Sejm (II) 780

Selbstbestimmungsprinzip (I) 683
(II) 105, 164, 166f.

»Selbsterhaltungstrieb« (in Hitlers
Rassendenken) (I) 370

Septembermorde (3.9.1939) (II) 336

Serbien (I) 154 (II) 635
– Nationalismus (I) 125

Sewastopol (II) 605, 677, 688, 692,
834, 955

Sexualität (I) 78-81, 103, 116, 131,
197, 362, 433, 444, 773, 861
(II) 16, 79
siehe auch Homosexualität, Prostitu-
tion, Puritanismus, »Rassenschande«

Shanghai (II) 206

Sibirien (II) 619, 628, 636, 684, 897,
918, 1009, 1022

Sichelschnitt (II) 395, 400f., 1167

Sicherheitsdienst (SD) (I) 586, 643
(II) 161, 190f., 250, 485, 495, 505,
622, 624, 629, 634f., 655, 683
– »Judenreferat« (I) 680 (II) 81, 133,
431, 433, 653, 1156
– SD-Berichte (II) 161, 250f., 495,
571, 579, 630, 632, 642, 661, 670,

709f., 723, 749, 764, 775, 778,
787, 821, 914ff., 1000, 1010, 1116,
1217
siehe auch Einsatzgruppen

Sicherheitspolizei (I) 678f. (II) 208,
341, 348, 428, 436, 452, 470, 472,
505, 519, 535, 620, 622, 646, 656
siehe auch Einsatzgruppen

Sieben-Tags-Adventisten (I) 680

Siebenjähriger Krieg (1756-1763)
(II) 793, 1011, 1021

Siedlungspolitik (I) 558, 560

Simplicissimus (I) 123

Singapur (II) 397, 438, 482f., 612,
665f., 1183, 1204

Sinti und Roma (I) 680 (II) 339, 429,
505, 1211

Sizilien (II) 756, 781
– alliierte Landung (II) 756, 761, 763,
771, 839
– Evakuierung (II) 774, 779

Skandinavien (II) 276, 389, 392,
397f., 456, 585, 1167
– Eugenikbewegung (I) 116

Sklavenarbeit, Sklavenarbeiter
(II) 957, 1076
siehe auch Zwangsarbeit

Sklaverei (I) 85, 390, 569 (II) 603

Skoda-Werke (II) 226

Slawen (I) 180, 324, 470, 477, 619
– antislawische Ressentiments (I) 67,
114, 116 (II) 236, 330, 417, 478
– Habsburger Reich (I) 65, 118, 125
– in Hitlers Denken (II) 330, 388,
417, 461, 526f., 547f., 585

Slowakei (II) 226ff., 231, 239, 241f.,
466, 480, 541, 628, 757, 828, 830,
942
siehe auch Tschechoslowakei

Smolensk (II) 525, 552f., 759, 869,
1155

Sobibor siehe Vernichtungslager

SOE siehe Special Operation Execu-
tive

Sofortprogramm zur Arbeitsbeschaf-
fung (I) 563f., 570
– als getarntes Rüstungsprogamm
(I) 564

Soisson (II) 849
Soldatenräte *siehe* Arbeiter- und
  Soldatenräte
Soldau (II) 644
Somme (I) 134
Somme, Schlacht an der (I) 338
»Sonderbehandlung« (II) 685
Sonderkommando Lange (II) 359
Sonderkommandos (II) 505, 625, 644
  siehe auch Einsatzgruppen
Sonderweg (I) 109, 526, 783
– u. Imperialismus (II) 26
Sonnenstein (II) 359
Sonthofen (II) 841
Sopade (I) 604, 694, 706, 721, 741f.
  (II) 201, 236, 249, 285, 333, 1137
  siehe auch Deutschlandberichte der
  Sozialdemokratischen Partei
  Deutschlands
Sowjet-Block (I) 19 (II) 49
Sowjetische Armee *siehe* Rote Armee
Sowjetischer Rundfunk (II) 943
Das Sowjetparadies (Ausstellung)
  (II) 683
Sowjetunion (I) 197, 199, 350, 429,
  583, 684, 689, 696, 735, 895
  (II) 10, 60, 83, 218f., 243, 273f.,
  277, 290, 314, 320, 438, 446-449,
  456, 464, 467, 484, 487, 507, 510,
  550, 690f., 717, 781, 795, 853,
  873, 899, 942f., 948ff., 953f., 956,
  974, 997, 1080, 1092, 1094, 1107,
  1136, 1142, 1145, 1172, 1182ff.,
  1193, 1266, 1275
– XVIII. Parteitag der KPdSU
  (10.3.1939) (II) 278
– Annäherung an Deutschland 1939
  (II) 277-280, 290
– Antisemitismus (I) 510
– Deportation der Wolgadeutschen
  (II) 636f., 639
– u. Frankreich (I) 685, 698 (II) 59,
  1142
– u. Großbritannien (II) 280, 412,
  450, 501ff., 509, 558, 613, 692,
  1142
– in Hitlers Denken (I) 299, 304, 322-
  326, 354, 357, 370 (II) 45, 82, 84,

88, 90, 378, 388, 404, 412f., 416f.,
  449, 451f., 457f., 462, 523, 526ff.,
  545, 581f., 650, 722, 1144f., 1172
– u. Japan (I) 729 (II) 45, 84, 89, 277,
  279, 483, 523, 562, 1184
– Juden (II) 619, 626, 635f., 650, 685,
  944, 1215
– »jüdischer Einfluß« (I) 322, 326,
  462
– u.»Lebensraum« (I) 299, 322-326,
  354, 370, 372 (II) 26f., 48, 330f.,
  413, 452, 458, 974
– Molotows Besuch in Berlin
  (12./13.11.1940) (II) 446-449, 456,
  530
– u. Polen (I) 684 (II) 218, 274, 277,
  279f., 297, 329, 331, 364, 943,
  1155
– Politbüro (I) 670
– Präventivkriegspläne, vermeintliche
  (II) 518, 1191, 1193
– u. Tschechoslowakei (II) 133, 138,
  143, 147
– u. Vereinigte Staaten von Amerika
  (II) 450
siehe auch Barbarossa, Deutsch-
  sowjetischer Nichtangriffspakt,
  Französisch-Sowjetisches Bündnis,
  Rapallo, Russischer Bürgerkrieg,
  Russische Revolution von 1917,
  Rußlandfeldzug, Volkskommissariat
  für Innere Angelegenheiten
  (NKWD)
Sozialdarwinismus (I) 114, 178, 180,
  370, 372, 380, 435 (II) 53, 295,
  353, 548, 841, 1009, 1174, 1206
Sozialdemokratie (I) 69f., 91, 94ff.,
  96f., 98, 114, 127, 133f., 142, 146,
  155, 162ff., 166, 199, 203, 231,
  244, 248, 373, 779 (II) 976
siehe auch Sozialdemokratische
  Arbeiterpartei, Sozialdemokratische
  Partei Deutschlands
Sozialdemokratische Arbeiterpartei
  (I) 69
Sozialdemokratische Partei Deutsch-
  lands (SPD) (I) 112, 157, 161, 169,
  225, 243, 254, 345, 365, 390,

62 SACHREGISTER

407f., 410, 412, 417, 425, 429, 463, 473, 492, 503, 524, 526, 602f., 687, 872 (II) 23
– u. Ermächtigungsgesetz (I) 589f., 592f., 603
– u. »Friedensrede« Hitlers (I) 604, 622
– in Hitlers Denken (I) 142, 367f.
– Hitlers mögliche Sympathien (I) 162ff.
– Kommunalwahlen (I) 447
– Landtagswahlen (I) 267, 458, 515
– u. »Machtergreifung« (I) 547f., 603f.
– Mitgliedszahlen (I) 367
– »Politik der Tolerierung« (I) 424f.
– Präsidentschaftswahl 1932 (I) 455f., 503
– Reichstagswahlen (I) 112, 386f., 422f., 464, 485, 584
– Verbot (I) 604
– Verfolgung (I) 514, 547f., 581f., 587, 596, 603, 632, 639 (II) 21
siehe auch Mehrheitssozialdemokraten, *Sopade*, Sozialdemokratie, Sozialistengesetze
Soziale Frage (I) 96, 364, 371 (II) 346
Sozialisierung *siehe* Vergesellschaftung
Sozialismus, Sozialisten (I) 85, 96, 110, 167, 220, 248, 259, 420, 437, 448, 493f., 592, 840, 854 (II) 109, 133, 248, 575
– u. Juden (I) 220
– u. Nationalismus (I) 95, 178f., 182, 348, 356, 371f., 389, 403, 420, 780
siehe auch Antibolschewismus, Antimarxismus, Antisozialismus, Bolschewismus, Marxixmus, Sozialdemokratie, Sozialistengesetze
Sozialistengesetze (I) 112, 603
Spanien (I) 669, 681 (II) 46f., 60, 89, 439ff., 456, 460, 462ff., 653, 1102, 1179
– Rohstoffe (II) 46, 48, 50
siehe auch Hendaye (Treffen von), Spanischer Bürgerkrieg, Spanisches Heer

Spanisch-Marokko (II) 46f., 49
Spanischer Bürgerkrieg (II) 34, 40, 58, 60, 83, 116f., 1094, 1104
– Unterstützung Hitlers für Franco (II) 46-50, 83, 443, 1093
Spanisches Heer (II) 46f.
»Spartakus-Aufstand« (5.-12.1.1919) (I) 154, 219
Spartakus, Spartakisten (I) 154, 157, 167
SPD *siehe* Sozialdemokratische Partei Deutschlands
Special Operation Executive (SOE) (II) 682f., 1260
Spital (I) 31, 34, 37, 39
Sportpalast *siehe* Berlin
SS *siehe* Schutzstaffel
St. Germain, Vertrag von (II) 109
St. Nazaire (II) 868, 937
St. Petersburg (II) 526
Staaken, Flughafen (II) 1031
Staatliche Politische Verwaltung (GPU) (II) 471, 473, 477
Staatsgerichtshof (I) 490, 884
Staatsnotwehrgesetz (I) 651f.
Staatspartei (I) 604
Staatsstreich (I) 424, 439, 459, 497, 661
siehe auch Boxheimer Dokumente, Hitlerputsch
Stahlhelm (I) 395f., 448, 455, 556, 576f., 590, 604, 880, 898
»Stahlpakt« (22.5.1939) (II) 276
Stalingrad, Stadt (II) 561, 586, 589, 694-697, 700, 720, 827
– Hitlers Plan zur völligen Zerstörung (II) 696, 701
Stalingrad, Schlacht um (II) 566, 657, 694, 701-706, 708ff., 713-726, 728f., 736ff., 752ff., 761, 806, 831, 867f., 872, 942, 1227ff., 1230
– Reaktionen (II) 723f., 728ff., 753, 820, 872
Stalino (II) 699
Ständestaat (I) 352
Starnberger See (I) 356
Steiermark (I) 35 (II) 119
Steinau (II) 982

Stellungskrieg (I) 134
Sterilisation (I) 116, 510, 615f.
   (II) 326, 352, 357
   siehe auch Zwangssterilisation
Sterilisationsprogramm *siehe*
   Zwangssterilisation
Stettin (I) 137, 870 (II) 359, 394, 430,
   1175
Steuern (I) 394, 401, 407, 419, 480,
   571, 673 (II) 410, 1019
Steyr (I) 50, 763f.
Stockholm (II) 390, 707, 824, 997,
   1050
Stoßtrupp Adolf Hitler (I) 358
   (II) 196, 198, 210
Stralsund (II) 359
Straßburg (II) 968
Straubing (I) 597
Strausberg (I) 612
Streiks (I) 254, 334, 492, 555f., 580,
   920 (II) 785, 940
– Erster Weltkrieg (I) 139f., 142, 154,
   345
– Generalstreik Bayern 1919 (I) 156f.
– Metallarbeiterstreik 1930 (I) 413,
   450
– Munitionsstreik 1918 (I) 345
– Transportarbeiterstreik 1932
   (I) 486f., 557, 871
Stresa, Vertrag von (11.4.1935)
   (I) 697f., 701f., 728, 732f., 912
Strones (I) 31
Strukturgeschichte (I) 8, 755f.
Sturm-Zigarette (I) 439
Sturmabteilung (SA) (I) 139, 222, 225,
   227f., 237, 242, 245f., 248f., 251f.,
   256, 275, 282, 288, *314f.*, 320,
   342, 348, 374f., 379, 389, 393,
   424, 429, 431, 437-440, 448, 466,
   476, 485, 493, 502, 508, 527, 529,
   533, 537, 574, 585f., 589f., 594,
   596, 631, 638f., 654, 658, 737,
   740, 813, 822, 854f., 897f. (II) 68,
   134, 197f.
– Anfänge und Aufbau (I) 193, 221,
   223f., 226, 803
– Antisemitismus (I) 509, 631,
   703ff.

– Berliner SA (I) 438, 440ff., 466,
   509, 522, 550, 707
– Forderung nach »zweiter Revolu-
   tion« (I) 634, 640
– Hilfspolizeifunktion (I) 251, 576f.,
   633, 637
– Hitlerputsch (I) 260, 264, 266, 279
– Judenverfolgung (I) 597, 600, 631,
   639, 655
– Kämpfe mit Kommunisten (I) 227,
   437, 462 (II) 292
– Krise im Verhältnis zur Partei 1930
   (I) 437-442
– Mitgliedsstärke (I) 223f., 242, 252,
   442, 459, 509, 632, 650
– Mitgliedsstruktur (I) 502
– Oberster SA-Führer (OSAF) (I) 355,
   438f.
– Reichsparteitage (I) 358f., 396, 714
– Röhm-Krise 1933/34 (I) 626, 629-
   637, 640, 643
– Treueid auf Hitler (I) 359, 379, 438
– Verbot (I) 249, 458-462, 475f., 860
– Verfolgung politischer Gegner
   (I) 537, 582, 602, 639
– Verhältnis zur Reichswehr (I) 627,
   629f., 633, 635ff., 899
– Verhältnis zur SS (I) 431, 438, 685,
   841
siehe auch »Nacht der langen Messer«
Der Stürmer (I) 228f., 704, 709, 711
   (II) 431
»Stürmerkästen« (I) 704
Stuttgart (I) 356, 455 (II) 198, 571,
   897, 916f., 969
Suchinitschi (II) 698
Suchumi (II) 697
Südafrika (II) 213
Südamerika (II) 61
Süddeutschland (I) 347
Sudetendeutsche *siehe* Tschechoslo-
   wakei
Sudetendeutsche Partei (II) 148, 162f.
siehe auch Karlsbader Forderungen
Sudetenkrise (1938) (II) 84, 136-182,
   185, 188, 193, 207, 218f., 230,
   243, 256, 265, 285, 291, 307, 317,
   360

64 SACHREGISTER

– Hitlers Kriegsbereitschaft (II) 137f., 140, 142
– Hilters Sportpalastrede (26.9.1938) (II) 172-175
siehe auch Godesberg-Memorandum, Tschechoslowakei
Sudetenland (I) 88, 91, 324 (II) 137, 147, 151, 159, 164, 166, 168, 170-174, 176, 178, 180, 185, 193, 217, 221, 226, 234f., 284f., 335, 346, 425, 874, 1122, 1125
– Autonomieforderung (II) 86, 148, 162
siehe auch Tschechoslowakei
Südfrankreich (II) 200, 441, 711f., 775, 940
Südostasien (II) 438, 455, 484
Südosteuropa (I) 620 (II) 27, 59, 90, 113f., 139, 217, 220, 438, 935, 942
Südtirol, Südtiroler (I) 322, 373, 844 (II) 151, 366, 837, 874
Suez (II) 415
Suez-Kanal (II) 439, 702
Sutzken (I) 612
Swinemünde (II) 240, 359
Sword beach (II) 846
Syrien (II) 254, 439

T

T 4 *siehe* Euthanasieaktion
»Tag der deutschen Kunst 1939« (II) 281
»Tag der erwachenden Nation« (I) 584
»Tag der nationalen Arbeit« (I) 602 (II) 75
»Tag der nationalen Erhebung« (I) 550 (II) 35
»Tag der Wehrfreiheit« *siehe* Heldengedenktag
»Tag von Potsdam« (21.3.1933) (I) 536, 588f., 602
Taganrog (II) 692
Tägliche Rundschau (I) 513f.
Taifun (Angriff auf Moskau) (II) 537, 561, 563, 580-583, 586
Tallin *siehe* Reval
Tannenberg, Schlacht von (15.7.1410) (II) 944

Tannenberg, Schlacht von (26.-30.8.1914) (I) 454, 661
– 25. Jahrestag (II) 280, 302
Tannenberg-Denkmal (I) 661
Tannenbergbund (I) 347, 837
Tarnopol (II) 832
Die Tat (I) 494, 610, 873
Tat-Kreis (I) 494, 513, 873
Tegernsee (I) 464, 644
Tetuán (II) 47
Teuerung (I) 224, 227, 724-727, 730 (II) 16, 376, 427
siehe auch Reichskommissariat für Preisüberwachung
Teutoburger Wald (I) 113
Theater (I) 607 (II) 21, 24, 81, 161, 650, 844, 928
Theisenort (I) 606
Theresienstadt *siehe* Konzentrationslager
Thorn (II) 337
Thule-Gesellschaft (I) 156, 183, 801f.
Thüringen 113, 208, 227, 254, 264, 343, 381, 384, 393, 455, 493, 865 (II) 47, 528, 989, 1006, 1258
– erste NSDAP-Regierungsbeteiligung (I) 406f., 409
– Landtag (I) 840
– Landtagswahl 1929 (I) 405f.
– Regierung (I) 254f., 406
Thüringer Wald (I) 405 (II) 707
Thyssen (Konzern) (I) 241 (II) 189
Tilsit (II) 240
The Times (II) 1080
Tirol (I) 322 (II) 396, 1075
Tirpitz (Schlachtschiff) (II) 242
Tobruk (II) 463, 688, 1219, 1226
Todeslager *siehe* Vernichtungslager, Konzentrationslager
Tokio (II) 62, 84, 102, 948, 1183f.
Torgau (II) 1041
»Totaler Krieg« (II) 668, 720, 735f., 739, 741, 744, 747, 750, 844, 850f., 913, 922f., 929ff., 948
– Goebbels Sportpalast-Rede (18.2.1943) (II) 733-736, 742, 745
Toulon (II) 940
Tourismus (II) 21

SUDETENLAND – DER TUNNEL **65**

Transsylvanien (II) 942
Traunstein (I) 152, 159f., 164
Trautenau (I) 179
Travemünde (I) 625
Treblinka *siehe* Vernichtungslager
Treffen Hitler – Mussolini
– 14. / 15.6.1934, Venedig (I) 643,
657f.
– 25.9.-29.9.1937, Staatsbesuch
Mussolinis (II) 76, 84f., 113, 150,
1102
– 3.5.-9.5.1938, Staatsbesuch Hitlers
(II) 150f., 260
– 18.3.1940, Brenner (II) 395ff.
– 18.6.1940, München (II) 403,
433
– 4.10.1940, Brenner (II) 440f.
– 28.10.1940, Florenz (II) 445f.
– 2.6.1941, Brenner (II) 506f., 1190
– 19. / 20.1.1942, Berghof (II) 462f.
– 29. / 30..4.1942, Kleßheim/ Berghof
(II) 675ff.
– 8. / 9.4.1943, Kleßheim (II) 756f.
– 19.7.1943, Feltre (II) 771f.
– 22.4.1944, Kleßheim (II) 837
– 20.7.1944, Wolfsschanze (II) 881,
892, 895f., 1256
»Treuhänder der Arbeit« (I) 675, 727
(II) 251
Treviso (II) 771f.
Triest (II) 1240
Tripolis (II) 1226
Tripolitanien (II) 463
»Triumph des Willens« (I) 62, 172,
469, 524, 662 (II) 107, 321, 611,
659, 856, 930, 967, 982
Triumph des Willens (Dokumentarfilm
1935) (I) 662
Trondheim (II) 391
Tschechoslowakei (I) 689 (II) 27, 83,
85f., 111, 132f., 136, 138, 140,
188, 215, 225ff., 230, 237, 239,
242, 256, 278, 316, 682, 829, 863,
1010, 1103
– antitschechische Ressentiments
(I) 95, 99f., 781 (II) 138, 140, 143,
173, 225
– Armee (II) 138, 148, 170

– Besetzung der Rest-Tschechei
(15.3.1939) (II) 231, 233f., 236,
248, 254, 276, 316, 389, 1121,
1138, 1142
– Bewaffnung (II) 226
– als Demokratie (II) 138, 148, 234
– als dt. Protektorat (II) 233, 235, 265
– dt. Mobilisierungspläne (II) 92, 171,
177
– u. Einführung der Wehrpflicht in D.
(I) 694f.
– Einsatzgruppen (II) 334, 340
– Erpressung Háchas (II) 232ff.
– Heydrich-Attentat (27.5.1942)
(II) 682f., 691, 1223
– Hitlers Plan zur Zerschlagung
(II) 86, 89f., 105, 137f., 144, 149,
151ff., 157, 159, 168, 171f., 193,
218, 224ff., 228
– u.»Lebensraum« (II) 139
– Minderheiten (II) 138, 167
– Nationalsozialistische Partei (I) 208
– Regierung (II) 148, 151, 162, 231,
265
– Rohstoffe, Industrie (II) 138f., 221,
226f.
– slowakische Unabhängigkeitsbestre-
bungen (II) 148, 227, 231
– strategische Lage (II) 149, 227
– Sudetendeutsche (I) 324 (II) 86, 105,
137, 140, 142, 147ff., 161-165,
167, 169, 174f., 181, 236, 114f.
– Verträge mit Frankreich und der
Sowjetunion (II) 133, 143, 147,
152, 174
– Wehrmacht, Haltung der (II) 138f.,
154ff., 157
– Widerstand gegen dt. Angriffspläne
(II) 140, 145f.
siehe auch Godesberg-Memorandum,
Grün, Slowakei, Sudetenkrise,
Sudetenland, Wochenendkrise
Tübingen (II) 198
Tunesien (II) 712
Tunis (II) 441, 707, 711, 716, 727,
756f., 761f.
Der Tunnel (Stummfilm 1915)
(I) 779

66 SACHREGISTER

Türkei (I) 183, 241, 277 (II) 439,
448f., 481, 484, 653, 784, 817,
852, 936, 941, 952
Turn- und Sportabteilung *siehe*
Nationalsozialistische Deutsche
Arbeiterpartei

U

U-Boote, britische (II) 712
U-Boot-Flotte, deutsche (I) 701
(II) 153, 275, 386, 412, 581, 598,
602, 688, 727, 761f., 772, 819,
934, 937, 980, 1008, 1030, 1263f.,
1272
Überbevölkerung (I) 324
UdSSR *siehe* Sowjetunion
Ufa siehe Universum-Film-Aktien-
gesellschaft
Ukraine (II) 138, 236, 241, 331, 507,
509, 527f., 550, 552, 555, 559ff.,
625, 668, 685, 693, 734, 738, 753,
768, 784, 833, 1077, 1144
– Nationalismus (II) 218, 227
siehe auch Reichskommissariat
Ukraine
Ulm (I) 426 (II) 844, 953f.
Ultra (Entschlüßler) (II) 762
Ultramontanismus (II) 207
»Umsiedlung« (II) 191f., 331, 340,
348, 381, 426, 428, 429f., 468,
549, 619, 625, 628, 634, 639, 1207
siehe auch Judenverfolgung, Mada-
gaskar-Plan
Unabhängige Sozialdemokratische
Partei (USPD) (I) 140, 153ff., 161,
191, 795
Ungarische Armee (II) 461, 721, 726,
826, 828f.
Ungarn (II) 138, 147, 148, 169, 217f.,
227f., 232, 277, 449, 480f., 541,
706, 720f., 726, 835, 936, 942,
973, 979ff., 999, 1016, 1020, 1034,
1050, 1244, 1270, 1280
– deutsche Besetzung (II) 826-831
– gescheiterter Bündnisaustritt
(II) 954-958, 961
– Juden, Judenverfolgung (II) 758,
760, 826, 829ff., 842, 957, 1244

– Treffen Hitler / Horthy (Kleßheim;
16./17.4.1943) (II) 758ff.
– Treffen Hitler / Horthy (Kleßheim;
18.3.1944) (II) 829f.
siehe auch Pfeilkreuzpartei, Ruthenien,
Ungarische Armee
Unheilbar Kranke (II) 349, 351f., 353,
572, 575, 644, 1222
Universität (I) 393, 611 (II) 505
– Gleichschaltung (I) 608f.
Universität Bonn (I) 549
Universität Freiburg (I) 608f.
Universität Greifswald (I) 350
Universität Jena (I) 406
Universität Leipzig (II) 356
Universität Marburg (I) 641
Universität München (I) 166, 206, 392
(II) 724, 806
Universität Paderborn (II) 357
Universum-Film-Aktiengesellschaft
(Ufa) (I) 395
Unterfranken (Gau) (II) 76, 202
»Untermenschen« (I) 116 (II) 333,
622, 624, 974
Unternehmen Barbarossa, Blau, *usw.*
siehe Barbarossa, Blau, usw.
Unternehmer (I) 254, 390, 395, 406,
525, 634, 675 (II) 52f., 144
– u. Expansionspolitik (II) 26f.
– u. Judenverfolgung (I) 450, 568
– jüdische U. (I) 568
– Kontakte Göhrings (I) 450
– Verhältnis zur NSDAP (I) 449-452,
488f., 512f., 877f. (II) 18
– Verhältnis zum NS-Regime (I) 571f.,
573, 630 (II) 1079
siehe auch Industrie, Keppler-Kreis
Untersberg (I) 363 (II) 297
Ural (II) 526, 546, 549, 602, 619, 769
Urfahr (I) 55, 57f., 73, 766
US-Armee (II) 594, 680, 707, 846f.,
934, 983, 1002, 1041f.
– 1. US-Armee (II) 984
– 3. US-Armee (II) 966, 1016
USA *siehe* Vereinigte Staaten von
Amerika
USPD *siehe* Unabhängige Sozial-
demokratische Partei

Ustascha-Bewegung (II) 486, *540*
Utah beach (II) 846

V
V-Männer *siehe* Vertrauensmänner
Valencia (II) 83
Vaterländische Front (II) 115
Vaterländische Verbände Münchens
  (VVM) (I) 201, 203, 220f., 237,
  240, 242, 258
siehe auch Vereinigte Vaterländische
  Verbände Bayerns
Vaterlandspartei (I) 117, 141, 182f.
Vatikan (I) 605, 616f. (II) 79, 775,
  785, 1100
siehe auch Reichskonkordat
VB *siehe Völkischer Beobachter*
Vegetarismus (I) 82, 338, 433, 435f.,
  859 (II) 74, 521, 671
V1, V2 *siehe* Vergeltungswaffe 1, -2
Venedig (I) 643, 657
Venezuela (II) 192
»Verbrannte Erde« *siehe* Politik der
  »verbrannten Erde«
Verdienstorden vom deutschen Adler
  siehe Deutscher Adlerorden
Verdun (I) 222 (II) 709
Verein zur Vorbereitung der Auto-
  straße Hansestädte-Frankfurt-Basel
  (HAFRABA) (I) 572f.
Vereinigte Staaten von Amerika (I)
  391, 407, 482, 573, 622, 740, 903
  (II) 9, 11, 39, 248, 254, 408, 439,
  443, 450, 455, 581, 588, 613, 637,
  651, 662, 680, 752, 875f., 920,
  951, 998, 1042, 1183, 1202f.
– Demokratie, Systemstabilität
  (I) 403f.
– deutsche Kriegserklärung (11. Dez.
  1941) (II) 192, 483, 595-602, 647,
  650, 687
– in Hitlers Denken (I) 374 (II) 363,
  387, 391, 404, 409, 613, 1098f.
– Isolationismus (II) 387, 419
– u. Japan (II) 451, 455, 482, 594f.,
  597, 601, 1203
– Juden, jüdische Flüchtlinge (I) 598
  (II) 206, 433, 766

– »jüdische Einflüsse« (II) 206, 465,
  635, 688, 825, 936
– Kongreß (II) 594
– Kriegseintritt (8.12.1941) (II) 363,
  437ff., 444, 450, 458, 482, 593f.,
  599, 637, 1183, 1201
– kurzfristige Kredite an Deutschland
  (I) 391f., 405
– Regierung (I) 599
– Waffenlieferungen an Großbritan-
  nien (II) 419, 438, 512, 595, 597
– Wirtschaft (I) 374, 392, 403f.
  (II) 545, 1134
siehe auch US-Armee
»Vereinigte Staaten von Europa«
  (I) 352 (II) 329
Vereinigte Stahlwerke (I) 449, *542*, 53
Vereinigte Vaterländische Verbände
  Bayerns (I) 226, 252, 257f., 268,
  334, 818
Vereinigte Völkische Verbände (I) 396
Vergeltungswaffe 1 (V 1) (II) *811*,
  823f., 848f., 853, 1247
Vergeltungswaffe 2 (V 2) (II) *811*,
  823f., 853, 951, 957, 968
Vergesellschaftung (I) 153, 352f., 415
Verlagshaus Julius F. Lehmann (I) 183
»Vernichtung durch Arbeit« (II) 618,
  620, 639, 652, 654
Vernichtungslager (I) 551 (II) 200,
  208, 459, 642, 653, 672, 992, 1212
– Auschwitz-Birkenau (I) 9, 551
  (II) 214, 643f., 654, 684, 785, 831,
  957, 971, 992ff., 1077, 1222, 1235,
  1244
– Belzec (II) 643f., 654f., 684, 784, 1215
– Chelmno (II) 645, 650, 684, 1077,
  1159
– Majdanek (I) 551, 684, *804*
– Sobibor (I) 551 (II) 644, 654, 684,
  784
– Treblinka (I) 551 (II) 214, 644, 654,
  684, 784
siehe auch Konzentrationslager
*Verordnung des Reichspräsidenten zur
  Abwehr heimtückischer Angriffe
  gegen die Regierung der nationalen
  Erhebung siehe* Heimtückegesetz

68 SACHREGISTER

*Verordnung zum Schutz des deutschen
Volkes* (4.2.1933) (I) 557
*Verordnung zum Schutz von Volk und
Staat* (28.2.1933) (I) 581f., 586
*Verordnung zur Durchführung des
Vierjahresplanes* (18.191936) (II) 58
Verräter vor dem Volksgericht (ge-
planter Dokumentarfilm) (II) 905
Versailler Vertrag (28.6.1919) (I) 180,
191, 194f., 200, 202, 321, 333,
393, 395, 403, 419, 524, 559, 561,
621, 682f., 686, 691, 693, 700f.,
722, 729-732, 738, 741, 885 (II) 15,
18, 20, 27, 54, 65, 77, 139, 142,
217f., 225, 227, 250, 253, 315,
325, 332, 364, 377, 877, 976
siehe auch Reparationen, Revisionis-
mus
Versorgungskrise   *siehe* Ernährungs-
krise
Vertrauensmänner (I) 161f., 164,
166f., 170
Vertrauensräte (I) 639
Vertreibung (II) 183
– von Deutschen (II) 11
– u. Zerschlagung der Tschecho-
slowakei (II) 89
siehe auch Emigration, Judenverfol-
gung
Vichy-Frankreich (II) 405, 438, 456,
676, 708, 710f., 757
– Armee (II) 442
– deutsche Besetzung (11.9.1942)
(II) 711f.
– Regierung (II) 403, 435f., 445
– Treffen Hitler-Laval (22.10.1940)
(II) 441f.
– Treffen Hitler-Laval (11.11.1942)
(II) 711f.
– Treffen Hitler-Pétain (24.10.1940)
(II) 442-446, 529, 690
Vierjahresplan (I) 558f., 565, 678
(II) 44, 50ff., 55, 57f., 100, 107,
110, 112, 202f., 222, 226, 471,
1095
– Behörde (I) 57, 85 (II) 139, 317,
423, 653, 663, 1132
Vilnius (II) 621

»Vierteljude« (I) 718f. (II) 1101
Vilsbiburg (I) 374
Vimy (I) 135
»Volk ohne Raum« (I) 116
Volk ohne Raum (Roman 1926)
(I) 324
Völkerbund (I) 624, 626, 683, 698,
700, 702, 713, 728, 732f., 737f.,
740f. (II) 45, 286, 312
– Austritt Deutschlands (14.10.1933)
(I) 620f., 623ff., 734, 896 (II) 136,
148
– Eintritt Deutschlands (8.9.1926)
(I) 333, 372
Völkermord (I) 15f., 20, 24, 198,
303f., 551, 554, 806 (II) 11, 21,
183, 192, 200, 212ff., 343ff.,
349, 436f., 452, 467, 505, 513,
617ff., 628, 638, 640, 642, 653f.,
992
siehe auch Judenvernichtung
Völkerschlacht bei Leipzig (1813)
(II) 930
Völkische Bewegung (I) 156, 159,
179-183, 187f., 190, 193, 201, 205,
207, 210, 217, 284, 286, 288f.,
324, 328, 335, 339ff., 347, 357,
396
– u. Führerkult (I) 232, 371
– u. Hitler (I) 62, 87, 176f., 181, 210,
274, 280f., 289, 293f., 321f., 330,
337, 342, 344f.
– Ideologie (I) 117, 180, 182
– Zersplittertheit, (I) 62, 267, 279ff.,
290f., 298, 327f., 342, 344
Völkischer Beobachter (I) 183, 192,
202, 207f., 210, 213, 233, 241f.,
254, 260, 281f., 301, 339, 342,
375, 381, 455f., 477, 484, 499,
572, 581, 650, 807, 816 (II) 375,
836, 1241
– Hitler als Autor (I) 204, 342, 369f.,
440f., 453
Völkischer Block (I) 267, 285, 290f.,
344, 387, 836, 847
Volksabstimmungen (II) 109
– Akklamations-, Propagandafunktion
(I) 557, 624, 730f.

VERORDNUNG ZUM SCHUTZ DES DEUTSCHEN VOLKES – WASHINGTON **69**

– über den »Anschluß« (10.4.1938)
(I) 625 (II) 131f.
– u. Danzigfrage/ Korridor (II) 307f.,
1150
– zur Fürstenenteignung (20.6.1926)
(I) 353f.
– zur Remilitarisierung des Rhein-
lands (29.3.1936) (I) 625, 730f.,
921f.
– über das Saarland (13.1.1935)
(I) 686ff., 703, 705f., 909 (II) 122,
124
– über Staatsoberhaupt Hitler
(19.8.1934) (I) 660f.
– u. Sudetenfrage (II) 164, 166ff.
– über die Unabhängigkeit Österreichs
(geplant: 13.3.1938) (II) 120ff., 124,
127, 1109f.
– zum Völkerbundsaustritt
(12.11.1933) (I) 624ff., 897
– zum Young-Plan (22.12.1929)
(I) 395f., 405, 408, 850
*Volkausgabe des Deutsch-Französi-
schen Krieges 1870/71* (I) 45
»Volksdeutsche« (I) 324 (II) 235, 330,
335ff., 359, 428ff., 468, 1175
Volksdeutscher Selbstschutz (II) 323,
336f., 1154
»Volksempfänger« (I) 909 (II) 21,
1089
»Volksgemeinschaft« (I) 127, 138,
180, 196, 371f., 389, 402, 409,
420f., 430, 550, 575, 602, 610,
669, 676, 686, 722, 725 (II) 21,
200, 571, 656, 669, 874
»Volksgenosse« (I) 403
Volksgerichtshof, Berlin (II) 669,
900f., 904f., 939, 954
»Volkskanzler« (I) 554, 613
Volkskommissariat für Innere Ange-
legenheiten (NKWD) (II) 759,
1155
Volkssturm (II) 812, 930-933, 991,
1040, 1044
»Volkstumskampf« (II) 337, 340, 347,
426
Volkswagen (II) 266, 281, 526, 1193f.
Volkswehr *siehe* Volkssturm

»Volljude« (I) 710, 715, 718 (II) 633,
1100
VVM *siehe* Vaterländische Vereine
Münchens

W
Wacht am Rhein (I) 126, 128
Waffen-SS (II) 185, 505, 679, 759,
776, 803, 832, 982, 1015f., 1047
– 1. SS-Panzerkorps (I) 162
– 6. SS-Panzerarmee (II) 963, 966,
969, 980, 1015
– Entstehung (I) 685 (II) 100, 185
Wagner-Opern (I) 52ff., 74, 76ff.,
764f., 771f. (II) 46, 49, 281f., 1098
Wagnerkult (I) 77
Wahlbeteiligung (I) 423, 485, 584,
847, 866
Wahlen *siehe* Kommunalwahlen,
Landtagswahlen, Reichstagswahlen,
Volksabstimmungen
Wahlrecht (I) 69, 874
– Beschränkungen (I) 117, 466, 479
– Wahlgeheimnis (I) 625
– Wahlmanipulation (I) 591, 625,
661, 742 (II) 132, 1114
siehe auch Allgemeines Männerwahl-
recht
Wald von Compiègne *siehe* Com-
piègne
Waldviertel (I) 31, 39, 66, 70, 83, 91,
766, 774
Walküre (Mobilisierung des Ersatz-
heeres) (II) 878, 881, 887, 902
Wannseekonferenz (20.1.1942)
(II) 208, 646f., 652f., 654, 1209
Warburg, Bankhaus (II) 189
Warenhäuser (I) 63, 334, 384, 391,
505, 509, 598, 638, 706f.
Warm Springs, Georgia (II) 1020
Warschau (I) 683 (II) 102, 227f., 241,
255, 268, 305, 328f., 333, 363,
399, 855, 978ff., 995, 1136, 1157,
1265, 1271
– Aufstand (1.8.1944) (II) 943f., 955
– Ghetto, Ghettoaufstand (II) 437,
759, 766f., 1077, 1210, 1235
Washington (II) 254

70 SACHREGISTER

Wartheland, Warthegau (II) 270, 332,
345-348, 426, 429ff., 577, 628f.,
634, 638f., 644f., 650, 786, 981f.,
994, 1077, 1159, 1211, 1222
Waterloo, Schlacht von (1815) (I) 696
Watzmann (I) 363
»Wehrbauern« (II) 527, 680
Wehrgesetz (16.3.1935) (I) 709
Wehrmacht (I) 560, 563, 636, 651,
685, 694, 709, 713, 726, 732,
739ff. (II) 11, 18, 54, 55, 83, 85,
93, 97, 107, 122, 125, 136, 139,
144, 219f., 222, 225f., 229f., 239,
243, 295, 301, 312, 321, 337, 342,
360, 362, 367, 371, 378f., 386,
396, 419, 436, 468, 471, 473, 475,
495, 502, 525, 555f., 569f., 582f.,
589, 591, 607, 646, 678, 690, 706,
739ff., 769, 781, 783, 799f., 801,
803, 835, 851f., 858, 899, 906,
913, 919f., 922, 924f., 939, 942,
944, 958, 962, 967, 980, 988, 991,
1011, 1030, 1039, 1070, 1072,
1075, 1079, 1181, 1200, 1268
– Antibolschewismus (II) 472, 477f.,
513, 622f.
– Antisemitismus (II) 207, 478, 622ff.
– u. Judendeportation, -vernichtung
(II) 436, 767
– u. Kriegsverbrechen (II) 341f., 472,
475, 876, 1182
– organisatorische Umgestaltung 1938
(II) 101ff., 1106
– Treibstoffmangel (II) 41ff., 461,
585, 707
– Truppenstärke (II) 314
– Übereinstimmung mit NS-Diktatur
(I) 7, 17 (II) 477f.
– Verhältnis zur SS (II) 100, 342f.,
476
– Wehrmachtsführung (I) 735ff., 741
(II) 41f., 69, 87, 90ff., 99ff., 122,
137, 146, 155, 207, 253, 276, 283,
318, 341, 378f., 412, 415, 454,
456, 476, 481, 485, 513, 523, 531,
563, 621, 631, 656, 666, 679, 700,
725, 735, 753, 861, 896, 932, 974,
1102, 1119

siehe auch Abwehr, Heer, Kommissar-
befehl, Kriegsmarine, Luftwaffe,
Oberkommando der Wehrmacht
(OKW), Reichswehr (bis
16.3.1935), Wehrgesetz, Wehr-
pflichtseinführung, 20. Juli 1944
Wehrmachtsamt (II) 94, 101
Wehrmachtsberichte (II) 524, 720,
848, 918, 988, 1070, 1075
Wehrmachtsführungsstab siehe OKW
Wehrpflichtgesetz siehe Wehrgesetz
Wehrpflichtseinführung (I) 560, 681,
690-695, 713, 732, 734, 898 (II) 18,
41, 77, 136, 1148
– internationale Reaktionen (I) 692,
694ff., 698, 911
– Reaktionen in Deutschland (I) 693-
97, 706
siehe auch Militärdienst, Wehrgesetz
Wehrwirtschaftsamt (II) 470
Weichsel (II) 297, 331, 339, 430, 943,
978f.
Weimar (I) 289, 392f., 406, 440, 491,
499, 840, 872 (II) 258
– Hotel Elefant (I) 384
– NSDAP-Parteitag 1926 320, 358,
360, 363, 370, 381
Weimarer Klassik (I) 343
Weimarer Reichsverfassung (11. Aug.
1919) (I) 270, 411, 426f., 440, 463,
469, 518, 521, 523, 557, 660, 860,
869, 879 (II) 319
– Artikel 25 (I) 518
– Artikel 48 (I) 411, 489f., 884
– Bürgerrechte (I) 552, 582, 622
(II) 21, 64
– Länderrechte (I) 219f., 463, 582,
586, 826
– Verfassungsbruch (I) 463, 466, 479,
492, 516ff., 522, 524, 548, 552,
586, 590
– Verfassungstag 11.8.1932 (I) 466,
479, 533
Weimarer Republik (I) 109, 154, 163,
172, 180f., 204, 269, 324, 345,
368, 409, 423, 551, 559, 603, 608,
684, 724 (II) 21ff., 866, 868, 875,
1008

- Agrarkrise (I) 387, 390, 392, 405, 408, 502
- Arbeitslosigkeit (I) 390f., 405, 410, 502f., 505, 848f. (II) 64
- Bankenkrach (I) 448
- Eugenikbewegung, Euthanasie (I) 510 (II) 351f.
- Hitlers Staatsbürgerschaft (I) 455
- Inflation 1923 (I) 224, 241, 253f., 401
- Kommunalwahlen (I) 405, 872
- Krisen, Krisenhaftigkeit (I) 197, 217, 232, 253, 257, 333, 379, 391f., 394, 404, 451, 453, 462, 473f., 488, 533, 551 (II) 352
- Kultur von Weimar (I) 334, 391, 611
- kurzfristige Kredite (I) 391f., 405
- Nationalismus, Nationalbewußtsein (I) 324, 504, 526
- Notverordnungen (I) 410ff., 424, 440, 447, 460f., 476f., 480, 521, 860, 868
- Politische Kultur (I) 218, 526
- Präsidentschaftswahl 1925 (I) 345ff., 393
- Präsidentschaftswahl 1932 (I) 453-459, 464, 507, 534
- Regierung Brüning (I) 410ff., 416, 424, 428f., 440, 447, 450, 454, 458-461, 473, 490, 503, 505, 516, 532, 569
- Regierung Cuno (I) 243, 247, 814
- Regierung Müller (I) 390, 397, 410f.
- Regierung Papen (I) 451f., 461ff., 473, 475-481, 484, 487f., 490, 492, 497, 516, 533, 535, 557, 570, 580, 866
- Regierung Schleicher (I) 452, 491f., 495, 499f., 512f., 515-520, 524, 535, 549, 563, 570, 872f.
- Regierungen Stresemann (I) 254f.
- Regierungen Wirth (I) 206
- relative Stabilisierung (1924-1929) (I) 267, 333ff., 376, 386, 391f., 404
- Stabilität der Regierungen (I) 333f.
- Stellung der Frau (I) 506f.

- Streiks (I) 413, 450, 486f., 492, 557, 871
- »System von Weimar« (I) 402, 405, 408, 418, 421, 457, 460 (II) 1047
- Verbot öffentlicher Auftritte Hitlers (reichsweit) (I) 333, 382f., 390, 837
- Volksabstimmungen (I) 353, 396f., 405, 408
- Wahlrecht (I) 335
- Währungsstabilisierung (I) 267, 333, 390
- Wirtschaft (I) 333ff., 391f., 524 (II) 64
- Wirtschaftskrisen (I) 217, 267, 333ff., 376, 382, 392, 394, 399, 401, 404, 410, 419f., 422f., 447, 449, 453, 502, 504-510, 525f., 603, 858 (II) 64, 250
siehe auch Gesetz zum Schutz der Republik, Kapp-Putsch, Locarno, »Machtergreifung«, Präsidialkabinette, Preußenschlag, Rapallo, Reichstag, Reparationen, Revolution von 1918/19, Ruhrbesetzung, Rezession von 1926, Versailler Vertrag, Völkerbund, Weimarer Reichsverfassung, Weltwirtschaftskrise
Weiß (Angriff auf Polen) (II) 243, 301f.
siehe auch Polenfeldzug
Weiße Rose (II) 724, 806, 872
Weißrußland (II) 467, 550, 620
siehe auch Generalkommissariat Weißruthenien
Weißruthenien siehe Generalkommissariat Weißruthenien
Weisungen Hitlers für die Kriegsführung
- Weisung 1 a (3.4.1939) (II) 243, 256
- Weisung 6 (9.10.1939) (II) 365
- Weisung 16 (16.7.1940) (II) 409f.
- Weisung 17 (1.8.1940) (II) 417
- Weisung 18 (12.11.1940) (II) 479
- Weisung 20 (13.12.1940) (II) 479
- Weisung 21 (18.12.1940) (II) 337f., 450, 455, 459, 469, 479, 487, 551, 564, 1195

SACHREGISTER

- Weisung 21 a (13.3.1941) (II) 475
- Weisung 25 (27.3.1941) (II) 481, 1183
- Weisung 30 (23.5.1941) (II) 504
- Weisung 32 (11.6.1941) (II) 1190
- Weisung 33 (19.7.1941) (II) 1196
- Weisung 33 a (23.7.1941) (II) 553ff.
- Weisung 34 (30.7.1941) (II) 555
- Weisung 34 a (12.8.1941) (II) 556
- Weisung 41 (5.4.1942) (II) 677, 694f.
- Weisung 45 (23.7.1942) (II) 694ff.
- Weisung 51 (3.11.1943) (II) 788
- Weisung 72 (19.3.1945) (II) 1013f.
- Weisung 74 (15.4.1945) (II) 1030
- Weisung 75 (15.4.1945) (II) 1022

Weitra (I) 32, 34
Wels (II) 409
Weltanschauung (Hitlers) (I) 302f., 326, 361, 373, 756, 844 (II) 22, 145, 185, 295, 325, 349, 377
- u. Führerkult (I) 62, 102, 326, 329
- Geschlossenheit, Starrheit (I) 26, 84, 97, 102, 105, 169, 199, 298, 302f., 327, 330, 373, 431 (II) 22, 28, 56, 81, 107, 212
- als Handlungskriterium (I) 303, 330, 666, 679f., 753 (II) 28, 50, 63, 104, 351, 424, 427, 452, 458, 476, 489, 512f.
- Herausbildung (I) 61f., 84, 102, 105, 146, 163, 169, 178, 199, 280, 298f., 303, 326, 374, 756, 833, 844 (II) 26
- u. NS-Bewegung, -Ideologie (I) 26, 374
- Primat der Ideologie/ Politik (vor der Wirtschaft) (I) 568f. (II) 50, 52, 55
- Reduktion von Komplexität (I) 26, 386
- taktische Flexibilität (I) 330, 433 (II) 81
siehe auch Antibolschewismus, Antimarxismus, Antisemitismus, »Blutwert«, *Hitlers Zweites Buch,* »Lebensraum«, *Mein Kampf,* Persönlichkeitswert«, »Rassewert«,

Rassismus *und zu Hitlers außenpolitischem Denken unter den jeweiligen Ländern*
Weltanschauung, marxistische (I) 304, 368
Weltanschauung, völkische (I) 117
siehe auch Völkische Bewegung
Die Weltbühne (I) 420, 425
Weltkrieg (Begriff) (II) 651
»Weltpolitik« (I) 116, 324
Weltwirtschaftskonferenz, London 1933 (I) 604
Weltwirtschaftskrise (I) 333, 335, 376, 390, 395, 397, 401, 403f., 549, 624, 724 (II) 351
siehe auch »Schwarzer Freitag«
Wervick (I) 137
Werwolf   siehe Führerhauptquartier
Werwolf (Freischärlerverband) (II) 1020
Wesel (II) 983f.
Weser-Ems (I) 387 (II) 678
Weserübung (Angriff auf Dänemark, Norwegen) (II) 390-393, 1167
Westafrika (II) 441f.
Westerplatte (II) 1151
Westfalen (I) 342, 351, 355 (II) 575, 578, 587, 1020
Westfälischer Friede (24.10.1648) (II) 80, 366, 1163
Westfeldzug 1940 (II) 361f., 366, 375, 398, 403, 410, 425, 432, 456, 877
- deutscher Angriff (II) 365ff., 369ff., 372, 375, 377-381, 385f., 388ff., 392f., 395f., 398-404, 408, 1171
- Evakuierung alliierter Truppen (II) 400, 402, 1169
- Haltung der Wehrmacht (II) 364, 367-371, 380
siehe auch Frankreichfeldzug, *Gelb, Sichelschnitt*
Westfront (II) 155, 161, 378, 387, 477
Westmächte (I) 372, 621, 604, 624, 638, 641, 681, 685, 694, 702, 736 (II) 16, 34, 91, 111, 132, 137f., 139-144, 142, 148f., 153, 155, 158, 160, 168, 175, 179, 182, 213, 219f., 224f., 236, 240, 243f., 248f.,

253, 273, 276, 278, 285, 287, 290,
294, 315, 319, 325, 361ff., 365,
376, 717, 836, 872, 909, 936f.,
943, 949, 964, 996f., 1010, 1039,
1051f., 1145
– Hitlers »Friedensappell«
(6.10.1939) (II) 362, 364ff.
»Westmark« (II) 426
Westpreußen (II) 323, 337, 340, 342
Westwall (II) 148ff., 153, 156f., 159f.,
288, 662, 958, 964, 1117
Wettlauf um Norwegen (II) 390f.
Whitehall (I) 700
Widerstand (I) 549, 601f., 728, 741
(II) 7, 16f., 19, 140, 145f., 206,
317, 360ff., 377, 381, 386, 420,
501, 565, 683, 724f., 729, 775f.,
806, 864-881, 911, 918ff., 1089,
1140, 1162, 1229
– Arbeiterbewegung (I) 511, 601
– Auswärtiges Amt (II) 140, 360, 368,
371, 863
– Katholiken (I) 601f.
– Kommunisten (I) 730, 919 (II) 16f.,
683, 919f., 1140, 1162
– (National-)Konservative (I) 880
(II) 53, 316, 361f., 376, 807, 873f.
– Pläne zur Entmachtung / Verhaftung
Hitlers (II) 367ff., 371, 869
– Sozialdemokraten (II) 16, 20, 236,
1162
– Wehrmacht (I) 661 (II) 19, 135f.,
140, 157, 181, 243, 315, 360, 367-
371, 375, 380, 807, 857, 863-872,
875ff.
– u. Westmächte (II) 872f.
– Verfolgung (I) 552 (II) 17, 904
siehe auch Attentate auf Hitler,
Kreisauer Kreis, Weiße Rose, 20.
Juli 1944
Wien (I) 32, 35, 45, 54-58, 61-92, 96-
105, 118, 121, 126, 133, 143, 187,
205, 295f., 307, 433, 445, 523,
658, 671, 777, 780, 783, 862, 904f.
(II) 8, 85, 102, 109ff., 116, 123,
125, 128f., 131f., 187, 200, 208,
220f., 235, 281f., 425, 428, 430,
468, 480, 484f., 642, 674, 725,

767, 895, 956, 1020ff., 1076, 1109,
1184
– Akademie für Bildende Künste
(I) 29, 51, 54f., 58, 71ff., 83, 89,
93, 106, 125, 765f., 774
– antijüdische Ausschreitungen 1938
(II) 134f., 187, 190
– Antisemitismus (I) 64, 102f., 146
– Bevölkerungswachstum (I) 64
– Brigittenau (I) 775
– Burgtheater (I) 75
– Felberstraße 22 (I) 83ff., 87, 100,
775
– Gumpendorfer Straße (I) 88
– Heldenplatz (II) 130, 260
– Hitlers Abneigung gegen Wien (I) 65
(II) 768
– Hitlers Einzug 1938 (II) 129-132,
260, 1112
– Hofoper (I) 54, 71, 73, 75, 77, 771
(II) 675
– Juden, Judendeportation (I) 64f.
(II) 467f., 641, 646, 648, 1211
– »Kaffe Kubata« (I) 775
– Konservatorium (I) 71f.
– Männerheim, Meldemannstraße 44
(I) 25, 78, 87, 89-93, 95, 100f.,
104ff., 123, 176, 443, 771, 774,
778f.
– Nußdorfer Straße (II) 134f.
– Parlament (I) 65f., 70, 75, 91, 775
– Ringstraße (I) 75 (II) 130
– Schloß Belvedere (II) 478
– Schloß Schönbrunn (I) 65, 72, 88
– Sechshauserstraße 58 (I) 87
– Sezession (I) 63, 74
– Simon-Denk-Gasse 11 (I) 88
– Stumpergasse 17 (I) 771
– Stumpergasse 31 (I) 71, 75, 81ff.
– Zentralfriedhof (I) 446
Wiener Tagblatt (I) 771
Wiesbaden (II) 200
Wikingbund (I) 221, 246, 250
Wilhelm Gustloff (KDF-Schiff) (II) 76
Wilhelminismus (I) 49, 111, 609
Wilhelmshaven (II) 254, 665
Wilhelmshavener Meuterei (I) 152
Wilna (II) 524

74 SACHREGISTER

Windau (II) 287
Winniza (II) 693, 698, 734, 745, 753, 763, 800, 1220, 1223
Winterhilfe (II) 76, 97, 580, 703, 782
Wirtschaftliches Sofortprogramm (I) 495
Wirtschaftsstab Ost (II) 549
Wismar (I) 625
Witebsk (II) 854f.
Wittenberg (II) 619, 1042
Wjasma   siehe Brjansk und Wjasma
Wochenendkrise (20.-22.5.1938) (II) 143, 151f., 321
Wochenschau (II) 39, 546, 567, 570, 844, 905, 1279
Wochensprüche (II) 534, 632
Wohnungsbau (I) 334 (II) 603
Wohnungsbaukommissariat (II) 423
Wohnungsnot (I) 74
Wöhrden (I) 393
Wolf (Hitlers Hund) (I) 298
Wolfsschanze   siehe Führerhauptquartier
Wolga (II) 584, 636, 692, 694f., 697, 704, 721
Wolgabecken (II) 528
Wolgadeutsche (II) 636f., 639
Wolynien (II) 619
Woronesch (II) 692
Wriezen (II) 1010, 1280
Wucher (I) 101, 190, 197
siehe auch »Schieber«
Wuppertal
– Barmen (II) 764
– Elberfeld (II) 764
Württemberg (I) 380, 585 (II) 372, 1258
– Armee (I) 130, 156
– Landtagswahl 1932 (I) 456ff.
– Regierung (I) 577
Würzburg (I) 393 (II) 985
Wytschaete (I) 136

Y

Young-Plan (1929) (I) 333, 335, 373, 395f., 405, 408, 411, 419, 448f., 493, 511
Ypern (I) 129, 135, 137
– Bezirk (I) 130

Z

Z-Plan   siehe Plan Z
Zagreb   siehe Agram
Zeitschrift für Sozialpolitik (I) 127
Zeitz (I) 208, 211
Zentralafrika (II) 684, 686
Zentralgenossenschaft bayrischer Bauernvereine (I) 587
Zentralstelle für jüdische Auswanderung (I) 208
Zentralverein   siehe Central-Verein
Zentrum (I) 408, 411, 417, 455, 461, 463, 523, 526, 577, 602, 605, 617
– u. Ermächtigungsgesetz (I) 590-593, 605
– u. »Friedensrede« Hitlers (I) 622
– Koalition mit der NSDAP, Absichten zu (I) 428f., 465, 478f., 487f., 873, 879
– u. »Machtergreifung« (I) 548, 555f., 605
– Reichstagsfraktion (I) 411, 479ff.
– Reichstagswahlen (I) 423, 464, 485, 584
Zeugen Jehovahs (I) 680
Ziegenberg (II) 964, 979, 994, 1241
Zinsknechtschaft (I) 162, 167, 170, 190, 210, 353
Zionismus (I) 64, 104, 680 (II) 191, 1125
Zisterzienser (I) 85
Zitadelle (Zangenangriff bei Kursk) (II) 754f., 763f., 768ff., 855
Zölle (I) 352, 516, 566
Zoppot (II) 329
Zossen (II) 360, 368, 370, 380, 481, 995, 1023
Zürich (I) 242
Zwangsarbeit, Zwangsarbeiter (I) 157 (II) 436, 467, 526, 585, 603, 629, 639, 653f., 662, 684, 878, 922, 929, 1076, 1134
siehe auch Sklavenarbeiter, »Vernichtung durch Arbeit«
Zwangssterilisation (I) 85, 510, 616
– Opferzahl (I) 616
20. Juli 1944 (II) 136, 315, 798, 806-809, 859ff., 863f., 866, 868f., 881-

893, 895f., 899f., 907f., 910-912,
920-924, 930, 932f., 935, 938ff.,
945f., 953, 959, 969f., 974, 1007,
1107, 1253-1257, 1259
– Hinrichtungen (II) 893f., 901f., 906,
1257
– Prozesse vor dem Volksgerichtshof
(II) 900-906, 1257
– Reaktionen gewöhnlicher Deutscher
(II) 912-917
Zweiter Weltkrieg (I) 20, 51, 86, 126,
132, 145, 497 (II) 29, 314f., 320,
381, 1081

siehe auch Afrikafeldzug, Alliierte
Landung, Balkanfeldzug, Kapitula-
tion, Luftangriffe, Luftschlacht um
England, Polenfeldzug, Rußlandfeld-
zug, Frankreichfeldzug, Westfeldzug
Zweites Reich *siehe* Deutsches
Kaiserreich
»Zweites Rüstungsprogramm«
(I) 564f.
Zwickau (II) 677
Zyklon B (II) 643
Zypern (II) 506

Personenregister

A

Abendroth, Hans-Henning (II) 1093
Abetz, Otto (II) 434, 633, 711
Adam, Walter (I) 658
Adler, Viktor (I) 69, 781
Adam, Wilhelm (II) 149, 157, 160
Agrippina d. J. (Mutter Neros) (II) 773
Albrecht, Alwin-Broder (II) 1027
Albritton, David (II) 37
Altenberg, Jacob (I) 92, 100
Alvensleben, Ludolf von (II) 323, 336f.
Alvensleben, Werner von (I) 522, 880
Amann, Max (I) 130, 133, 205f., 228,
   237, 260, 266, 281f., 300f., 343,
   349, 373, 383, 648, 790, 792, 799
   (II) 405
Antonescu, Ion (II) 446, 507f., 540,
   665, 757f., 760, 828, 941f., 1244
Arco-Valley, Graf Anton von (I) 155,
   266
Aretin, Erwin Freiherr von (I) 882
Arminius siehe Hermann der Cherusker
Arnal, Pierre (II) 1144
Arndt, Wilhelm (II) 1283
Arnim, Hans-Jürgen von (II) 756
Ashton-Gwatkin, Frank (II) 163
Astachow, Georgij (II) 279f.
Attila, Hunnenkönig (II) 9
Attolico, Bernardo (II) 177, 179, 303,
   308, 313
Auer, Erhard (I) 795, 811
August Wilhelm, Prinz (I) 483, 515
Aulock, Oberst von (II) 1264
Austerlitz, Friedrich (I) 781
Axmann, Arthur (II) 1028, 1045,
   1063, 1290

B

Baarova, Lida (II) 205, 263, 283
Babarin, Ewgenij (II) 279
Bach, Isidor (I) 191
Bach, Johann Sebastian (II) 24
Bachmann, Anton (I) 309, 318
Bach-Zelewski, Erich von dem
   (II) 623, 944, 955
Backe, Herbert (II) 1058
Badoglio, Pietro (II) 772-778, 782
Baillet-Latour, Graf Henri (II) 36f.
Baldwin, Stanley (II) 34, 1095
Ballerstedt, Otto (I) 224f.
Barandon, Paul (II) 996
Barth, Karl (I) 549
Baum, Herbert (II) 683, 1220
Baumann, Professor (I) 170, 798
Baur, Hans (I) 625 (II) 69, 247, 1291
Beamish, Henry Hamilton (II) 431
Beaverbrook, Lord William Maxwell
   (II) 502
Bechstein, Carl (I) 240, 364, 383, 816,
   842
Bechstein, Helene (I) 239f.
Beck, Jósef (II) 228, 240ff., 305, 317,
   1133, 1139
Beck, Ludwig (I) 561, 644, 661,
   689ff., 735 (II) 41f., 87, 91f., 122,
   139f., 145f., 149, 153-158, 161,
   343, 361, 368, 807, 867f., 873,
   876, 887f., 893f., 1105, 1115,
   1254, 1266
Becket, Thomas (II) 872
Beethoven, Ludwig van (I) 76, 389,
   693 (II) 24, 660, 836
Bell, George (II) 872

78 PERSONENREGISTER

Bellini, Vincenzo (I) 76
Below, Maria von. (I) 906 (II) 70, 843, 859
Below, Nicolaus von (II) 67, 69, 115, 125, 174, 195, 209, 227, 268, 297, 328, 399, 401, 418, 460, 531, 607, 700, 703, 712, 719, 725f., 756, 799, 822, 843, 859, 885, 897, 935f., 959f., 965, 970, 1013, 1021, 1039, 1045, 1048, 1050, 1058, 1060, 1112, 1120f., 1123, 1127, 1131, 1136, 1146f., 1149, 1151, 1162, 1170, 1172f., 1192, 1203, 1223, 1240, 1253, 1258, 1266, 1268, 1270, 1284, 1286, 1290
Benesch, Eduard (II) 162, 163, 165, 171, 173
Benn, Gottfried (I) 608
Berger, Gottlob (II) 685
Berger, Hans (II) 200
Berger, Heinrich (II) 884
Bernadotte, Graf Folke (II) 1051f.
Bernhardt, Johannes (II) 47f., 1093
Bernstein, Eduard (I) 69
Bertram, Ernst (I) 231, 609
Best, Siegmund Payne (II) 372
Best, Werner (I) 459, 680 (II) 785
Besymenski, Lew (II) 1229
Beyschlag, Rudolf (I) 167f., 170
Binding, Karl (II) 350
Bismarck, Otto von (I) 23, 62, 66, 109, 112, 114, 230f., 234, 298, 371, 539, 595, 603, 612, 615, 755 (II) 11, 21, 24, 146, 247, 253, 385, 666, 1002
Blank, Herbert (I) 424
Blaschke, Johann Hugo (II) 1069
Blaskowitz, Johannes (II) 342f., 1158
Bloch, Eduard (I) 42, 55f., 100, 145, 767, 782
Blomberg, Margarethe, geb. Gruhn (II) 94f.
Blomberg, Werner von (I) 520, 522, 555, 559, 561-565, 581, 588, 621-624, 634ff., 641, 643f., 651f., 655, 660f., 665, 689, 691-694, 729, 735ff., 741, 885, 896, 900 (II) 41f., 49, 53, 56, 62, 82f., 87, 90, 92-104,

108, 115, 132, 135, 145, 207, 259, 476, 877, 1102, 1104, 1106f.
Blücher, Gebhard Lebrecht von (I) 696 (II) 930
Blum, Léon (II) 51
Blumentritt, Guenther (II) 611f.
Blüml, Johann (I) 164
Bodelschwingh, Friedrich von (I) 619
Bock, Fedor von (II) 126, 369, 371, 450, 460, 476, 517f., 537, 552f., 559, 561, 585, 589, 604ff., 609, 678, 689, 692, 695, 867, 1112, 1178, 1182, 1204ff., 1223
Bodenschatz, Karl Heinrich (II) 498, 521, 1186ff.
Boehm, Hermann (II) 293
Boehm, Max Hildebert (I) 180
Boeselager, Georg Freiherr von (II) 869
Bohle, Ernst Wilhelm (II) 47, 498, 1093
Bohne, Gerhard (II) 1160
Bolle, Ewald (I) 168
Boldt, Gerhard (II) 1060, 1284
Bonhoeffer, Dietrich (II) 876
Bonnet, Georges (II) 292, 1176
Borbet, Emil (I) 542
Bor-Komorowski, Tadeusz (II) 943f., 1265
Boris III., König von Bulgarien (II) 485, 540, 757
Bormann, Albert (II) 69
Bormann, Gerda (II) 959, 1018
Bormann, Martin (I) 637, 704 (II) 69, 203, 287, 306, 318, 323, 328, 340, 357, 425f., 466, 492f., 497, 500, 541, 548, 550, 568, 572f., 577f., 626, 631, 668, 670, 687, 735, 740-746, 748ff., 768, 774, 799f., 802, 809, 839, 901f., 912, 921f., 925-928, 930-933, 949, 959, 962, 1002, 1004f., 1008, 1018ff., 1028, 1030f., 1038ff., 1047f., 1050, 1053, 1055, 1057f., 1060, 1062f., 1067-1070, 1072, 1131, 1144, 1174, 1186f., 1221f., 1233, 1237f., 1245f., 1256, 1276f., 1286, 1289f., 1293
Bornewasser, Franz Rudolf (II) 576
Borsig, Ernst von (I) 241f.

Bose, Herbert von (I) 640f., 645, 648, 900, 902
Bouhler, Philipp (I) 349, 383 (II) 349, 355-358, 579, 745, 847, 1159
Brack, Viktor (II) 356ff.
Brahms, Johannes (I) 76
Brandmayer, Balthasar (I) 132, 134f., 142, 163, 789f.
Brandt, Frau v. Karl Brandt (II) 859
Brandt, Heinz (II) 870f., 884
Brandt, Karl (II) 195, 328, 349, 353, 356ff., 399, 579, 859, 946, 1127
Brandt, Rudolf (II) 644, 1159, 287
Brauchitsch, Walther von (II) 101, 118, 122f., 125, 146, 149, 154-157, 207, 243, 296, 302ff., 306, 316, 341ff., 365, 367-371, 379f., 394, 401, 404, 408, 410, 412, 414, 450, 459ff., 470, 472f., 481, 508, 520f., 533, 551, 555, 557-560, 564f., 584, 586, 592f., 604-609, 704
Braun, Eva (I) 23, 365, 444, 447, 462, 483, 531, 672, 791, 861 (II) 69, 72, 263, 283, 675, 737, 835, 839, 844, 1003, 1027, 1031, 1035, 1038, 1040, 1049, 1055, 1059, 1062ff., 1067, 1069, 1071, 1232, 1253, 1282ff., 1287f., 1290ff., 1106, 1112, 1118, 1149, 1151, 1155, 1157f., 1167, 1182, 1195, 1205
Braun, Wernher (II) 823
Bräutigam, Otto (II) 636
Brecht, Berthold (I) 334, 610
Bredow, Ferdinand (I) 648, 653, 902 (II) 18
Breitenbuch, Eberhard von (II) 879
Breker, Arno (II) 405
Breschnew, Leonid (II) 1292
Brocke, Wolfgang (II) 1202f.
Brodsky, Louis (I) 916
Brooks, Collin (II) 298
Bruckmann, Else (I) 239, 383, 445f., 846
Bruckmann, Hugo (I) 239 (II) 70
Bruckner, Anton (I) 76
Brückner, Wilhelm (I) 256, 316, 433, 482f., 613, 646, 671ff. (II) 68, 251, 307, 328, 829, 1131

Brüning, Heinrich (I) 410ff., 416, 424, 428f., 440, 447, 449, 451, 454, 458ff., 473, 478, 490, 503, 505, 516, 532, 569, 592, 622, 900
Brunner, Alfred (I) 182
Buch, Walter (I) 282, 415, 530
Buckrucker, Bruno Ernst (I) 821
Bühler, Josef (II) 654
Bullit, William Christian (II) 1138
Bülow, Bernhard Wilhelm von (I) 623, 682ff., 895
Bürckel, Josef (II) 129, 425, 435
Burckhardt, Carl (II) 286-289, 346, 1144f.
Burgdorf, Wilhelm (II) 953, 1017, 1027, 1034, 1058, 1060, 1063, 1067, 1071, 1284
Busch, Ernst (II) 156, 620, 854, 857, 877, 879
Bussche, Axel Freiherr von dem (II) 879
Busse, Theodor (II) 1017, 1023, 1033, 1041, 1046
Bussche-Ippenburg, Erich Freiherr von (I) 561
Buttmann, Rudolf (I) 344

C

Cadogan, Alexander (II) 289, 298, 501-502, 1144, 1152, 1163, 1185, 1189
Canaris, Wilhelm (II) 140, 163, 293, 316, 323, 338, 360, 368, 371, 876-877, 902, 1139, 1266
Carls, Rolf (II) 1118
Carlyle, Thomas (II) 1011, 1021
Castro, Fidel (I) 22
Cavalero, Graf Ugo (II) 717
Cerruti, Vittorio (I) 693
Chamberlain, Houston Stewart (I) 115, 179, 197, 239, 298, 785, 816
Chamberlain, Neville (II) 105, 111, 164-174, 176-181, 215, 217, 225, 237f., 241f., 265, 298ff., 304, 314, 332, 364-367, 392, 412, 863, 999, 1116, 1120-1123, 1138f., 1123, 1138f., 1148, 1163

80 PERSONENREGISTER

Channon, Henry »Chips« (II) 38, 298
Choltitz, Dietrich von (II) 940
Christian, Gerda, geb. Daranowski
(I) 906 (II) 1035, 1063, 1071, 1215,
1253, 1277, 1283, 1287, 1290
Christie, Malcolm Grahame (II) 86
Churchill, Winston (I) 10, 15, 23, 62,
755, 911 (II) 322, 364, 389, 392,
402ff., 406f., 411, 414, 491, 494,
496, 500ff., 506, 557, 562, 567,
584, 594, 637, 704, 752, 795,
984f., 999, 1006, 1010, 1017,
1095, 1123, 1167f., 1170f., 1189,
1202, 1210, 1234, 1276, 1280
Chvalkovsky, Frantisek (II) 213, 232f.
Ciano, Galeazzo Conte di Cortelazzo
(II) 60ff., 150, 178, 280, 283, 289f.,
313, 395f., 403, 407, 411, 434,
441, 462f., 478f., 483, 485, 506f.,
511, 597, 676, 711, 716f., 1110,
1143, 1170, 1192, 1226
Cincar-Markovic, Aleksandar (II) 480
Claß, Heinrich (I) 117, 141, 324, 395
Clausewitz, Karl Maria von (I) 205
Conti, Leonardo (I) 615 (II) 357
Corinth, Lovis (I) 119
Corswant-Cunztow, Walther von
(I) 340
Coulondre, Robert (II) 303
Craig, William (II) 490
Cramer-Klett, Theodor Freiherr von
(I) 339
Cripps, Stafford (II) 502
Csáky, István (II) 228
Cuno, Wilhelm (I) 243, 247, 254, 450,
814, 863
Cvetkovic, Dragisa (II) 478, 480

D

Dahlerus, Birger (II) 304-306, 308,
310, 313, 317, 502, 1152, 1162f.,
1168, 1188
Daladier, Edouard (II) 167, 178f., 238,
304, 1148
Daluege, Kurt (II) 535, 1223
Dannecker, Theodor (II) 433, 468
Dante Alighieri (I) 75
Darlan, Jean François (II) 711, 1187

Darré, Richard Walther (I) 421, 465,
639, 671, 725-729, 920 (II) 42, 223,
252, 496
David, Anton (I) 781
Davies, Joseph E. (II) 1107, 1147
Dawes, Charles G. (I) 267
Delmer, Sefton (I) 496
Delp, Alfred (II) 875
Deutschkron, Inge (II) 633
Dickel, Otto (I) 205, 210ff., 812
Diels, Rudolf (I) 581, 631, 637
Dietrich, Otto (I) 451, 475, 614, 646,
668, 671, 677, 681, 864 (II) 69,
126, 232, 398, 495, 521, 824, 889,
1148, 1186, 1254f.
Dietrich, Sepp (I) 162, 433, 644-647,
674 (II) 69, 266, 963, 966, 980,
1015, 1034, 1050, 1280f.
Dill, Hans (II) 923
Dincklage, Karl (I) 379
Dingfelder, Johannes (I) 189-192,
803f.
Dinter, Artur (I) 291, 341, 344, 381f.,
845f.
Dirlewanger, Oskar (II) 944
Disraeli, Benjamin (II) 181
Dirksen, Herbert von (I) 684
Dix, Otto (I) 334
Döblin, Alfred (I) 610
Dohnanyi, Hans von (II) 361, 368,
868, 876, 1266
Dollfuß, Engelbert (I) 657f., 733, 904
(II) 110f.
Dollmann, Friedrich (II) 844
Donald, Graham (II) 491
Dönitz, Karl (II) 761f., 801, 809, 812,
835, 858, 896, 937, 980, 1001,
1007, 1022, 1028, 1030, 1035,
1037, 1041, 1045, 1049f., 1054,
1057, 1060, 1070, 1072ff., 1076,
1236, 1264, 1272, 1284, 1289
Donizetti, Gaetano (I) 76
Döring, Hermann (I) 906 (II) 1097f.,
1147
Dorpmüller, Julius (II) 1030
Dorsch, Xaver (II) 838
Dresses, Martin (I) 794
Drexler, Anton (I) 149, 170f., 182ff.,

202f., 208f., 212, 233, 260, 269, 311, 343, 778, 799f., 802, 817, 836
Dschingis-Khan (II) 9, 582, 693, 979, 999
Duesterberg, Theodor (I) 395f., 455f., 521
Dulles, Allan W. (II) 1072, 1272

E

Ebermayer, Erich (I) 545
Ebert, Friedrich (I) 142, 153, 224, 226, 345, 410
Echtmann, Fritz (II) 1069
Eckart, Dietrich (I) 170, 183f., 200ff., 205, 208, 211f., 226, 228, 233, 240, 252, 265, 322, 363, 807, 812, 817
Eden, Anthony (I) 638, 690, 695ff., 699, 910f. (II) 33f., 119, 501f., 872, 1094, 1123
Edward VIII., König von England (II) 59, 259, 409
Eglhofer, Rudolf (I) 156f.
Ehard, Hans (I) 269ff.
Ehrhardt, Hermann (I) 206, 219, 221, 223
Eichmann, Adolf (I) 680 (II) 81, 133, 187, 191, 194, 428f., 433, 436, 467ff., 629, 631, 634f., 644, 653, 831, 1076, 1175, 1209, 1212
Eicke, Theodor (I) 649f.
Eicken, Karl von (II) 907
Einstein, Alfred (I) 610
Eisner, Kurt (I) 151, 154f., 163, 266, 795
Eisenhower, Dwight D. (II) 940, 968, 984, 1051ff., 1073f.
Elisabeth Petrowna, Zarin (II) 1021
Ellenbogen, Wilhelm (I) 781
Elser, Johann Georg (II) 269, 362, 372-378, 381, 864, 1164
Eltz-Rübenach, Paul Freiherr von (I) 520, 573
Endres, Theodor (I) 818, 824f.
Engel, Gerhard (II) 97, 268, 328, 343, 409, 446, 449, 459, 466f., 590, 700, 1105, 1123, 1149, 1156, 1186, 1224ff.

Engelhardt, Philipp (I) 131
Engels, Friedrich (I) 122
Epp, Franz Xaver Ritter von (I) 164, 220, 222f., 245, 387f., 594
Erbersdobler, Otto (I) 431
Ersing, Joseph (I) 592
Erzberger, Matthias (I) 191, 224
Escherich, Georg (I) 246, 249, 818
Esser, Hermann (I) 162, 177, 202, 205, 212, 228, 230, 260, 262, 281ff., 289ff., 340f., 343f., 346, 348f., 351f., 354ff., 812f., 823, 836ff., 840 (II) 675, 1009
Etzdorf, Hasso von (II) 360, 368, 1203

F

Falkenhorst, Nikolaus von (II) 390
Farinacci, Roberto (II) 773, 775f., 1237f.
Faulhaber, Michael von (I) 345, 545, 617f. (II) 66, 1160
Feder, Gottfried (I) 162, 167, 169f., 183, 190, 199, 201, 203, 205, 209, 234, 344, 353f., 381, 387, 671
Fegelein, Gretl, geb. Braun (II) 283, 1027, 1049, 1258, 1284
Fegelein, Hermann (II) 1027, 1049, 1052ff., 1286
Fellgiebel, Erich (II) 882f., 885, 899, 902, 905
Fellinger, Maria (I) 775
Feuchtwanger, Lion (I) 510, 877
Fiore Joachim von (I) 860 (II) 1099
Florian, Friedrich Karl (II) 1014
Fobke, Hermann (I) 287-291, 329, 351, 828, 830, 839
Foch, Ferdinand (II) 404, 1169
Forster, Albert (I) 922 (II) 112, 270, 286f., 308, 312, 332, 342, 345-348, 425f., 1077, 1174, 1279
Förster, Helmuth (II) 610
François-Poncet, André (I) 645, 649, 687, 693, 695 (II) 66, 176f., 179
Franco y Bahamonde, Francisco (II) 9, 46-50, 60, 83, 294, 440-447, 463f., 529, 690, 1093, 1177

Frank, Hans (I) 35-36, 183, 193f.,
265, 298, 301, 426, 428, 446, 495,
585, 601, 740f., 789, 831, 859, 862
(II) 60, 290, 332, 340, 345, 426,
429ff., 434-437, 467ff., 497, 618,
639, 642, 652, 685, 767, 944,
1076, 1157, 1174, 1177, 1188,
1220f., 1236
Frank, Karl Hermann (II) 163, 780
Frank, Dr. Karl Friedrich von (I) 758
Frank, Leopold (I) 168
Frankfurter, David (II) 194
Frankenreiter, Leopold (I) 36
Franz Ferdinand, österr. Thronfolger
(I) 125f.
Franz Joseph I., österr. Kaiser (I) 63,
65, 68f., 100
Freisler, Roland (II) 670, 900f., 904f.
Frentz, Walter (II) 1258
Freud, Sigmund (I) 63, 610
Freytag-Loringhoven, Bernd von
(II) 1044, 1284
Frick, Wilhelm (I) 262, 266, 272, 316,
320, 344, 387, 406f., 429, 464f.,
467, 480, 515, 517f., 520, 573,
581f., 588, 590f., 595, 597, 601,
633, 652, 677ff., 708ff., 715, 720,
737, 867, 886, 889, 915 (II) 123,
126, 209, 234, 309, 340, 421f.,
535, 748, 779, 1076, 1102, 1238
Friedeburg, Hans-Georg von
(II) 1073f.
Friedrich I. »Barbarossa« (I) 113
Friedrich II. »der Große« (I) 120, 205,
234f., 328, 371, 434, 539, 584,
588, 755 (II) 74, 266, 379, 385,
610, 661, 666, 727, 793, 910, 965,
1003, 1011, 1018, 1021, 1043,
1277
Friedrich Wilhelm I. (I) 588
Fritsch, Theodor (I) 115, 179, 197,
782, 785
Fritsch, Werner Freiherr von (I) 561,
644, 660, 665, 689, 691f., 735ff.,
900, 910 (II) 42, 90-94, 96-99, 101-
104, 108, 115, 121, 132, 135, 140,
145, 154, 207, 259, 296, 329, 361,
476, 877, 1104ff., 1140f., 1154

Frießner, Johannes (II) 858f.
Fromm, Friedrich (I) 561 (II) 604,
851f., 860, 878, 880, 886f., 893f.,
900ff., 1221, 1250, 1257
Frymann, Daniel   siehe Claß, Hein-
rich
Fuchs, Werner (II) 1118
Funk, Walther (I) 450, 452f., 614, 671
(II) 102, 202, 309, 421f., 584, 742,
745, 747, 889, 1058, 1076, 1255,
1277
Funk, Wilhelm (I) 338
Furtwängler, Wilhelm (I) 607 (II) 46,
675, 1218f.

G

Gabcik, Josef (II) 682f.
Galen, Clemens August Graf von
(I) 923 (II) 575-579
Gall, Leonhard (I) 541
Galland, Adolf (II) 952, 1245
Gansser, Emil (I) 242
Gaulle, Charles de (II) 443, 445, 711,
941
Gay (Fröhlich), Peter (II) 205
Gayl, Freiherr Wilhelm von (I) 466,
479, 533, 535, 868
Gedye, G.E.R. (II) 134
Gehlen, Reinhard (II) 854, 979
Gemlich, Adolf (I) 169, 178, 197ff.
Genoud, Françoir (II) 1277f.
George VI. (I) 1171
George, Stefan (I) 119 (II) 877
Gercke, Rudolf (II) 604
Gereke, Günther (I) 563f.
Gersdorff, Rudolf-Christoph Freiherr
von (II) 867ff., 871f., 876, 1264
Gerstenmaier, Eugen (II) 875, 902,
1257
Geyr von Schweppenburg, Leo
(II) 847, 857f.
Giesing, Erwin (II) 907, 945ff.
Giesler, Hermann (I) 45, 842 (II) 405,
675, 677, 750, 815, 1005
Giesler, Paul (II) 750, 1058
Giraud, Henri-Honoré (II) 711
Gisevius, Hans Bernd (II) 316, 368,
886, 888, 893, 1153, 1164

Glaise-Horstenau, Edmund (II) 116, 121f., 127
Glasl-Hörer, Anna (I) 759
Globocnik, Odilo (II) 430, 643, 1240
Gneisenau, August Wilhelm Graf von (II) 851
Godin, Freiherr von (I) 136, 792
Goebbels, Joseph (I) 10, 349f., 352, 354-357, 359, 364, 371, 378ff., 387f., 391, 412-417, 422, 427, 429, 438, 440ff., 454, 456, 458ff., 463-467, 469, 480f., 483, 485ff., 489f., 493, 495-500, 514f., 517f., 520-523, 533, 550, 574f., 579, 581, 584, 588, 598f., 602, 607, 611f., 614f., 633, 638, 642, 645-648, 655, 671, 687, 698, 704, 707, 709, 711, 718f., 723f., 729, 736ff., 740, 742, 755, 760, 762, 782, 791, 808, 838ff., 846, 848, 850, 853ff., 860, 862, 865f., 868-871, 875, 878, 882, 896, 902f., 916ff. (II) 31, 38, 43, 45f., 50f., 70-74, 78-86, 90, 95, 98-103, 114, 118, 121-125, 127, 131ff., 142f., 148, 160f., 168, 170f., 173, 175, 177ff., 190, 192-199, 202-211, 219, 222, 224f., 230ff., 235, 240f., 247f., 263, 274, 283, 291f., 298, 301ff., 306f., 310f., 318f., 322, 335, 339, 342, 344f., 366ff., 371ff., 381, 385, 388, 391, 397f., 404ff., 408f., 411, 414, 421, 423, 426, 434f., 453, 463f., 467, 481, 484, 486, 494ff., 498, 502, 505, 508-512, 517, 520, 523f., 556, 561, 563, 567, 569f., 578-583, 586, 590ff., 595, 597f., 600-603, 608, 611f., 615, 618, 621, 630-633, 636, 640ff., 645, 648, 651, 655f., 661, 665-672, 679f., 682-686, 689, 691f., 696, 702-705, 708, 710, 720f., 725-728, 731, 733-738, 740-749, 752f., 757, 759ff., 764ff., 768f., 774-783, 786f., 789, 792, 796f., 802, 820-823, 826f., 830f., 834ff., 843-846, 848-853, 887, 889-892, 896, 899ff., 904ff., 914, 917, 921-930, 932, 948ff., 952, 960f.,

963, 969, 975, 997-1002, 1004, 1006f., 1010f., 1015-1021, 1028, 1035, 1037, 1039, 1042-1048, 1050, 1053, 1055, 1057f., 1063, 1067-1071, 1091f., 1098-1102, 1105, 1107, 1111, 1122, 1127-1131, 1137, 1139, 1143, 1148ff., 1158, 1170, 1183f., 1186, 1189-1192, 1194, 1199, 1201, 1204f., 1210, 1212, 1215f., 1218, 1220f., 1223, 1225, 1228f., 1231f., 1234f., 1237f., 1240-1244, 1248, 1255, 1257, 1259, 1261f., 1266-1273, 1275f., 1292
Goebbels, Kinder: Hedda, Heide, Helga, Hellmuth, Hilde, Holde (II) 263, 1011, 1035, 1058f., 1063, 1071
Goebbels, Magda (II) 263, 283, 1011, 1035, 1058f., 1063, 1071, 1098
Goerdeler, Carl (I) 726ff., 730, 900, 920 (II) 52f., 56, 140, 368, 867, 872ff., 878, 903, 1266
Goethe, Johann Wolfgang von (I) 75 (II) 333
Gollancz, Viktor (II) 1080
Goltz, Graf von der (I) 396
Göring, Edda (II) 1029
Göring, Emmy (II) 38, 1029
Göring, Hermann (I) 233, 259ff., 266, 387, 415, 441f., 449f., 452, 464f., 476, 479ff., 495, 497, 515, 517-520, 522, 557, 562, 566f., 576, 578-583, 588, 590, 595ff., 614, 630, 633, 637, 644f., 648ff., 659, 678, 686, 691, 717, 728, 735ff., 813, 826, 848, 853, 869, 879, 882, 889, 900, 902ff., 910, 917, 920 (II) 38, 42ff., 46-50, 52-57, 62, 70, 82f., 85ff., 90f., 94f., 98, 100, 102, 112ff., 119, 121, 123-126, 129, 136, 139ff., 146, 148f., 158, 176f., 179ff., 183, 188, 202ff., 206, 208, 210, 212, 219-222, 227, 231ff., 235, 245, 253, 266, 272, 275, 281, 283, 293, 295, 303ff., 308ff., 312f., 317f., 322, 338, 364, 367f., 373, 392, 401f., 404, 409, 411, 418,

421ff., 426, 430f., 433, 455, 468,
470f., 481, 485f., 492f., 497f., 502,
521, 525, 535, 548ff., 558, 567,
604, 607, 626, 629, 631, 634, 647,
653, 673, 689, 701, 703, 712,
714ff., 720, 735, 739-748, 764,
774, 782, 801f., 809, 812, 820ff.,
832f., 838ff., 844, 846, 851f., 885,
896, 917, 924, 926, 960, 975,
997f., 1001f., 1011, 1015, 1018,
1028f., 1035, 1039f., 1045, 1053,
1057, 1060, 1075, 1092ff., 1104,
1108, 1111, 1113, 1119, 1129f.,
1132, 1134, 1145, 1152, 1163,
1168, 1179, 1186ff., 1196, 1209f.,
1227, 1231, 1233, 1245, 1247,
1262, 1268, 1271
Gort, John (II) 1169
Graefe, Albrecht (I) 283-286, 289ff.,
340f., 380, 828
Graf, Ulrich (I) 205f., 228, 260, 263,
320, 803f.
Graf, Oskar Maria (I) 193
Graf, Willi (II) 724
Gramsch, Friedrich (II) 1094
Grandel, Gottfried (I) 202
Grandi, Dino (II) 1238
Grauert, Ludwig (I) 581
Greim, Robert Ritter von (II) 960,
1044f., 1054f., 1074, 1287f.
Greiner, Josef (I) 62, 87, 94, 101, 779
Greiner, Helmut (II) 715
Greiser, Arthur (II) 270, 332, 345-348,
359, 425f., 430f., 638f., 644f., 982,
1077, 1158, 1222, 1236, 1272
Grimm, Hans (I) 324
Grimme, Adolf (I) 881
Groener, Wilhelm (I) 411, 454, 458ff.
Grohé, Josef (I) 704f.
Groscurth, Helmut (II) 163, 175, 360,
368, 370, 1151, 1252
Grosz, Georg (I) 334
Grothmann, Werner (II) 1221
Gründgens, Gustav (I) 607
Grynszpan, Herschel (II) 194, 211,
1126
Guderian, Heinz (II) 380, 394, 559ff.,
588, 594, 604f., 609f., 661, 751f.,

755, 768ff., 806, 818, 858, 900,
908, 941, 943, 958, 975, 979-983,
994-997, 1007, 1012, 1016f., 1112,
1171, 1205, 1267f., 1272, 1276,
1280f.
Günsche, Otto (II) 1027, 1062f.,
1067f., 1072, 1289-1292
Günther, Hans (I) 406, 851
Gürtner, Franz (I) 251, 339, 466, 631,
652, 678f., 709f., 715, 820, 826,
829, 884, 902, 907f. (II) 99, 103,
349f., 353, 361, 668
Gustav V., König von Schweden
(II) 1051
Gustloff, Wilhelm (I) 720, 918 (II) 194
Gutmann, Hugo (I) 136
Gütt, Arthur (I) 615

H

Haas, Johannes (I) 788
Haase, Ludolf (I) 284, 286f., 300,
329, 351
Haase, Werner (II) 1059, 1062
Habicht, Theo (I) 657ff., 904
Hácha, Emil (II) 232ff., 1136f.
Hack, Friedrich Wilhelm (II) 62f.
Haeften, Werner von (II) 881ff., 886,
893f., 901, 1254
Hagen, Hans (II) 891
Hagen, Herbert (II) 1125
Hahn, Otto (II) 951
Halder, Franz (II) 154, 181, 243f.,
293, 302f., 306, 310, 316, 328f.,
337f., 360, 365, 367-371, 380, 383,
394, 401, 409f., 412ff., 416f., 450,
459ff., 472, 474, 481, 485, 488,
508, 515, 520f., 525, 533, 551-555,
557, 559ff., 564ff., 583, 586, 589,
604-607, 611, 657, 677f., 693-702,
858, 902, 1123, 1141, 1171f.,
1182, 1195, 1197, 1203, 1219,
1224f., 1231
Halifax, Lord Edward Wood
(II) 111f., 114, 119f., 125, 152,
158, 164, 237, 301, 304f., 308f.,
412, 414, 1108, 1116, 1133, 1144,
1150, 1152, 1169
Hallermann, Georg (I) 320

Hamilton, Herzog von (II) 490ff., 494,
  501, 1186, 1189
Hammerstein-Equord, Kurt Freiherr
  von (I) 522, 559, 561, 655, 885,
  903
Hanfstaengl, Egon (I) 338
Hanfstaengl, Ernst »Putzi« (I) 205,
  233, 238f., 241, 260, 266, 271,
  301, 338, 362f., 427, 429f., 432,
  434, 463, 493, 496, 579, 613f.,
  814, 817, 825, 835, 841f., 848,
  853, 856, 859, 862f., 868, 903f.
Hanfstaengl, Helena (I) 238, 268, 825,
  841
Hanisch, Reinhold (I) 59, 62, 79, 88-
  93, 100f., 103ff., 777-780
Hanke, Karl (II) 982, 1007, 1058
Harff, Ilse (I) 836
Harlan, Veit (II) 930, 1262
Harpe, Josef (II) 981
Harrer, Karl (I) 183-189, 802
Harris, Arthur (II) 984, 1222
Hase, Paul von (II) 891f.
Hasselbach, Hans-Karl von (II) 328,
  946
Hassell, Ulrich von (I) 730, 733, 735f.
  (II) 296, 317, 368, 723, 867, 873,
  1140
Haug, Jenny (I) 443
Hauptmann, Gerhart (I) 608, 894
Haushofer, Albrecht (I) 833 (II) 501,
  1188f.
Haushofer, Karl (I) 206, 324f. (II) 501
Häusler, Rudolf (I) 106, 121f., 783,
  787
Hefelmann, Hans (II) 356f.
Heidegger, Martin (I) 608f.
Heiden, Konrad (I) 162
Heim, Ferdinand (II) 713
Heim, Georg (I) 587
Heim, Heinrich (II) 1131, 1276
Heine, Heinrich (I) 101, 611
Heinemann, Erich (II) 849
Heinemeyer, W. (II) 1270
Heines, Edmund (I) 476, 647, 649,
  655
Heinrich II., König von England
  (II) 872

Heinrichbauer, August (I) 846
Heinrici, Gotthart (II) 982, 1012,
  1023, 1033
Heisenberg, Werner (II) 951
Heiß, Adolf (I) 247
Held, Heinrich (I) 268, 339, 341
Helldorf, Wolf Heinrich Graf von
  (I) 466, 707, 865 (II) 94f., 190, 192,
  496, 903, 1164, 1252
Henderson, Neville (II) 86, 120, 143,
  151f., 165, 172, 176f., 179, 292,
  299-311, 313, 317, 320, 1110,
  1116, 1144, 1150
Henlein, Konrad (II) 86, 137, 148,
  162f., 168, 307
Henning, Wilhelm (I) 283, 340
Hepp, Ernst (I) 129, 133
Herber, Franz (II) 893
Herder, Johann Gottfried (I) 75
Herzl, Theodor (I) 64
Hermann der Cherusker (I) 113
Heß, Ilse (I) 831 (II) 490
Heß, Rudolf (I) 164, 173, 183, 205f.,
  213, 247, 260, 262, 281, 284f.,
  300f., 320, 325, 327, 329, 339,
  359, 364, 377, 498f., 514, 633,
  637, 643, 647f., 675f., 685, 704,
  707, 710, 718, 720, 737, 814, 831,
  833, 835ff., 842, 845, 898, 915
  (II) 47, 185, 340, 372, 404, 421,
  425, 489-504, 506, 568, 587, 802,
  1015, 1076, 1093, 1125, 1131,
  1185-1190
Heß, Wolf Rüdiger (II) 490
Hesse, Fritz (II) 1145
Heusinger, Adolf (II) 521, 557, 882ff.,
  1224, 1227
Hewel, Walter (I) 377 (II) 232, 284,
  299, 304, 317, 466, 627, 773, 836,
  1027, 1050, 1187
Heyde, Werner (II) 1160
Heydrich, Reinhard (I) 585, 587, 630,
  637, 643, 648, 678, 680, 808
  (II) 96, 130, 133, 136, 185, 191f., 197,
  199, 204, 208, 306, 311, 337-342,
  344f., 348, 360, 368, 380f., 428,
  433, 436f., 458, 465, 467-471, 485,
  505, 513, 534f., 618f., 621, 626,

86 PERSONENREGISTER

629ff., 635, 637, 639-643, 646-649,
653f., 656, 682f., 691, 1076, 1101,
1125, 1128, 1154-1157, 1175,
1181, 1209-1214, 1223
Hiedler, Eva Maria (Frau von Johann
Nepomuk) (I) 34, 41
Hiedler, Johann Georg (I) 31-34, 36f.,
41, 757
Hiedler, Johann Nepomuk (I) 31-34,
36f., 39, 41, 759
Hiedler, Johanna (I) 37, 41
Hiedler, Maria Anna (Großmutter)
(I) 31, 33-36, 40, 757
Hilferding, Rudolf (I) 425
Hilger, Gustav (II) 278, 1142
Hilpert, Carl (II) 1270
Himmler, Heinrich (I) 24, 86, 315,
384f., 394, 488, 498, 514, 517,
530, 585, 587f., 605, 613f., 630,
637, 643f., 649, 678ff. (II) 96f.,
100, 123, 127, 130, 133, 157, 183,
185f., 197, 209f., 266, 306f., 318,
336, 338, 340, 342-348, 356, 360,
368, 381, 423, 426, 429-433, 435f.,
456, 458, 467-471, 513, 534f., 549,
584, 618f., 625-628, 634, 637-640,
642, 644-649, 652f., 656, 670, 679,
685ff., 708, 731, 735, 747, 760,
767, 772ff., 776, 779, 784, 786f.,
797, 800, 801, 805, 809, 833, 841,
858, 881, 885, 888, 890, 892ff.,
902ff., 913, 918, 921f., 924f., 930f.,
933f., 944, 946, 949, 957, 961,
975, 981f., 987, 1001, 1004,
1007, 1010, 1015f., 1027f., 1030,
1035, 1037, 1047, 1049-1054,
1057f., 1061, 1072f., 1075, 1080,
1122, 1128, 1143, 1153, 1174,
1176, 1179, 1186, 1207, 1210ff.,
1214, 1221f., 1236-1239, 1255,
1258, 1265f., 1275, 1280f.,
1286f.
Hindemith, Paul (I) 334
Hindenburg, Paul von (I) 191, 346f.,
410ff., 448, 450f., 453-456, 458,
460ff., 464f., 467ff., 471, 473-476,
478-481, 488-492, 496, 503, 507,
512-524, 527, 532, 535f., 538f.,

547, 550-554, 556ff., 570, 577,
584, 586f., 591, 593, 599, 601,
619, 630ff., 635, 640-643, 645f.,
651f., 656, 659-662, 665, 668, 865,
868, 878, 883f., 897, 900, 904f.
(II) 7, 1047, 1057
Hindenburg, Oskar von (I) 517f., 522,
644
Hippler, Fritz (II) 1158
Hitler, Alois (Halbbruder) (I) 35, 37,
39f., 44, 46, 862
Hitler, Alois (Vater) (I) 31-40, 42-46,
48ff., 57, 71, 98f., 105, 307, 365,
758-761, 763f.
Hitler, Anna (geb. Glassl) (I) 37, 40
Hitler, Bridget (Schwägerin) (I) 862
Hitler, Edmund (Bruder) (I) 39, 41f.,
44, 46
Hitler, Fanni (geb. Matzelberger)
(I) 37f., 40
Hitler, Gustav (Bruder) (I) 38, 41
Hitler, Ida (Schwester) (I) 38, 41
Hitler, Johanna (Tante) (I) 37, 39, 41,
51, 54f., 57, 70, 89, 91, 93, 765f.,
769
Hitler, Klara (geb. Pölzl, Mutter)
(I) 37ff., 41-45, 49ff., 53-58, 70f.,
100, 103, 143, 145, 307, 444,
760f., 765ff., 790
Hitler, Maimee (Schwägerin) (I) 862
Hitler, Otto (Bruder) (I) 38, 41
Hitler, William Patrick (Neffe) (I) 35f.,
40, 862
Hoare, Samuel (I) 733
Hobbes, Thomas (II) 144
Hoche, Alfred (II) 351
Hodges, Courtney H. (II) 984
Hoegner, Wilhelm (I) 622
Hoepner, Erich (II) 477, 594, 610,
669, 673, 887, 893f., 902, 904,
1226
Hoesch, Leopold von (I) 702, 741
Hofacker, Caesar von (II) 953
Hoffmann von Waldau, Otto (II) 418
Hoffmann, Heinrich (I) 121, 128, 177,
205, 260, 297, 316, 364, 432f., 443f.,
483, 531, 543, 613, 780 (II) 72, 74,
292, 297, 767, 1146f., 1153

Hoffmann, Henriette (I) 443
Hoffmann, Johannes (I) 270
Hofmann, Carola (I) 207
Hofmannsthal, Hugo von (I) 63, 610
Höhne, Heinz (I) 884
Holste, Rudolf (II) 1046f., 1061
Honisch, Karl (I) 62, 93f., 101
Höppner, Rolf-Heinz (II) 629, 634f.,
 1158
Hörl, Rosalie (Geb. Schichtl) (I) 760
Horn, Alfred (II) 490
Horthy von Nagybaya, Nicklas
 (II) 955f.
Horthy von Nagybaya, Nikolaus
 (II) 541, 731, 757f., 760, 826, 828-
831, 954-957
Hoßbach, Friedrich (I) 691f. (II) 69,
 87, 90f., 95, 97f., 108, 111, 137,
 139, 175, 273, 320, 457, 981,
 1103f.
Höß, Rudolf (II) 644, 1077, 1212
Hoth, Hermann (II) 622, 713ff.
Hube, Hans Valentin (II) 832, 836f.
Huber, Kurt (II) 724
Huemer, Eduard (I) 47
Hugenberg, Alfred (I) 324, 395f., 414,
 425, 448, 455, 471, 516, 518-524,
 547f., 555f., 566, 569, 604f., 880,
 884 (II) 1047

I

Ibsen, Henrik (I) 75
Iffland, Resi (I) 1098
Innitzer, Theodor (II) 130f.
Ironside, William Edmund (II) 288
Iwan IV. »der Schreckliche« (II) 388

J

Jaenecke, Erwin (II) 834
Jannings, Emil (I) 607 (II) 1218
Jarres, Karl (I) 346, 837
Jawlensky, Alexej von (I) 19
Jeckeln, Friedrich (II) 646
Jeschonnek, Hans (II) 712, 714f., 746
Jessen, Jens (II) 873
Joachimsen, Paul (I) 200
Jodl, Alfred (II) 92, 101, 146, 148f.,
 152f., 220, 393f., 399, 408, 413,

415, 438, 445, 450f., 463, 470,
480f., 486, 488, 521, 531, 554f.,
557, 560, 564, 583, 592, 604, 676,
699f., 705f., 755, 769, 771, 777,
799, 809, 845f., 849f., 857, 885,
935ff., 952, 958, 962ff., 998, 1001,
1007, 1016, 1028, 1033f., 1036,
1044, 1047, 1049, 1054, 1061,
1073f., 1076, 1112, 1167, 1170,
1172, 1176, 1178, 1195, 1200,
1225, 1243ff., 1236, 1268, 1278,
1284
Jodl, Luise (II) 1225
Johannmeier, Willi (II) 1060
John von Freyend, Ernst (II) 882f.
Johnson, Cornelius (II) 37
Jones, Thomas (II) 1095, 1097
Jouvenel, Bertrand de (II) 1144
Jung, Edgar (I) 180, 640f., 645, 648,
 900ff.
Jung, Rudolf (I) 854
Junge, Gertraud (Traudl) (I) 906
 (II) 1031, 1035, 1055-1059, 1063,
 1071, 1230, 1275, 1283, 1287f.,
 1290
Jünger, Ernst (I) 231

K

Kaas, Ludwig (I) 556, 592f., 605, 895
Kaether, Ernst (II) 1040
Kahr, Gustav Ritter von (I) 206, 219f.,
 223-226, 235, 245, 255, 257-263,
 266, 268-272, 648, 814, 821f.
Kaiser, Hermann (II) 1250
Kaltenbrunner, Ernst (II) 830, 902,
 912, 981, 997, 1004, 1028, 1030,
 1076, 1255
Kaminski, Bonislaw W. (II) 944
Kandisky, Wassily (I) 119, 334
Kannenberg, Arthur (II) 67f., 1282
Kant, Imanuel (I) 771
Kapp, Wolfgang (I) 166, 173, 200,
 807
Karajan, Herbert von (I) 607 (II) 1218
Kardorff, Ursula von (II) 988
Karnau, Hermann (II) 1068
Kästner, Erich (I) 610
Kaulbach, Wilhelm von (II) 70

PERSONENREGISTER

Kaufmann, Karl (I) 355f., 675, 840
(II) 778, 1128
Kehrl, Hans (II) 43, 1094, 1261
Keitel, Wilhelm (II) 94, 100f., 115-
118, 122f., 126, 130, 146, 149,
151ff., 176, 219f., 231ff., 265,
302f., 309, 323, 338, 340f., 369,
399, 404f., 407, 413, 421f., 445,
461, 466, 470, 474, 478, 480,
520f., 531, 533, 541, 548, 560,
592, 607, 622, 626, 676, 690, 700,
708, 735, 739, 741, 743, 752, 801,
812, 818f., 833, 849, 851f., 858,
881f., 884-889, 899f., 941, 943,
953, 1001, 1007, 1016f., 1028f.,
1034, 1036f., 1047, 1049f., 1054,
1060f., 1073f., 1076, 1105f., 1112,
1117f., 1120f., 1136f., 1156, 1171,
1197, 1263, 1284, 1289
Kellerbauer, Walther (I) 229
Kellermann, Bernhard (I) 779
Kemnitz, Mathilde von (I) 347
Kempka, Erich (I) 901 (II) 69, 869,
1062, 1067, 1289f.
Kennedy, John F. (I) 15, 23
Keppler, Wilhelm (I) 488, 512, 514
(II) 85f., 110, 112, 125, 129, 1109,
1113
Kerr, Alfred (I) 609
Kerrl, Hanns (I) 601 (II) 79, 353
Kersten, Felix (II) 1286f.
Kesselring, Albert (II) 607, 700, 756,
771, 777, 779f., 817, 826, 984,
1017, 1021f., 1073, 1234, 1272
Khan, Aga (II) 1103
Kiesel, Georg (II) 903
Killy, Leo (II) 741
Kirdorf, Emil (I) 383, 396, 450, 846
Kirkpatrick, Sir Ivone (II) 172, 492,
499f., 1188
Klausener, Erich (I) 648, 655
Klee, Paul (I) 119, 334
Kleist, Ewald von (I) 880 (II) 591,
593f., 833, 879, 1106, 1252
Kleist, Heinrich von (I) 141
Klemperer, Eva (II) 633
Klemperer, Otto (I) 608
Klemperer, Victor (II) 40, 633, 991

Klimt, Gustav (I) 63, 74, 80, 770
Klintzsch, Johann (I) 206, 223, 813
Kluge, Günther von (II) 605ff., 609ff.,
697f., 731, 754f., 770, 776, 780,
858, 869f., 876f., 888f., 909, 935,
937-940, 1264
Knappertsbusch, Hans (II) 675, 836,
1219
Knickerbocker, H. R. (I) 873
Knilling, Eugen von (I) 250, 255, 829
Knoden, Hans (I) 168
Koch, Erich (II) 359, 550, 931, 1007,
1077
Koch, Robert (II) 627
Koller, Karl (II) 839, 960, 1029,
1031ff., 1035, 1039, 1045, 1245,
1283, 1288
Konjew, Iwan (II) 978, 1023, 1033,
1041
Konoye Fumimaro, Prinz (II) 595
Koppe, Wilhelm (II) 348, 359, 426,
430, 644, 1077
Kordt, Erich (II) 360, 368
Kordt, Theo (II) 360
Korherr, Richard (II) 686, 759
Körner, Oskar (I) 202
Körner, Paul (I) 898
Körner, Theodor (II) 733
Korten, Günther (II) 858, 884
Krauch, Karl (II) 43
Krause, Karl (II) 68f.
Krauß, Werner (I) 607
Krebs, Albert (I) 361, 429, 435f., 859
Krebs, Hans (II) 1017, 1028, 1032,
1034, 1037, 1044ff., 1050, 1058,
1060, 1062f., 1067, 1069, 1071,
1284, 1292
Kreipe, Werner (II) 960
Kreyssig, Lothar (II) 350
Kriebel, Hermann (I) 246, 252f.,
257ff., 264, 272, 293-297, 316, 829
Kritzinger, Friderich Wilhelm (II) 741
Krohn, Friedrich (I) 804
Krüger, Else (II) 1071, 1290
Krüger, Paul (I) 89
Krüger, Wilhelm Friedrich (II) 426,
1221
Krupp von Bohlen, Alfried (II) 62

Krupp von Bohlen und Halbach,
Gustav (I) 566ff.
Kube, Wilhelm (I) 380, 704, 850
(II) 550, 646, 1093
Kubis, Jan (II) 682f.
Kubizek, August (I) 51-54, 56, 58, 62,
71-84, 92, 95, 98ff., 307, 764-767,
769ff., 775 (II) 67, 282, 414,
1006
Küchler, Georg von (II) 477
Kunz, Helmut Gustav (II) 1071
Kvaternik, Sladko (II) 628
Kyrill, Großfürst (russischer Thron-
prätendent) (I) 241

L

Lagarde, Paul de (II) 431
Lakatos, Geisa (II) 954
Lammers, Hans Heinrich (I) 614,
670f., 702, 902, 920 (II) 69, 251f.,
309, 328, 340, 353, 357, 421ff.,
548, 576, 626, 673, 735, 740-743,
747-750, 924-927, 932f., 1039,
1094, 1140, 1233, 1238
Landauer, Gustav (I) 157
Langbehn, Carl (II) 1255
Lange, Herbert (II) 644
Lange, Otto (II) 645
Langenheim, Adolf (II) 47f.
Lansbury, George (II) 65f., 1097
Lanz, Adolf (Jörg Lanz von Liebenfels)
(I) 85ff., 100, 776
Lanz, Hubert (II) 869
Lattre des Tassigny, Jean de (II) 1074
Lauböck, Theodor (I) 207
Lautenbach, Wilhelm (I) 569f.
Laval, Pierre (I) 702, 733 (II) 442,
444f., 711f., 757
Le Bon, Gustave (I) 203, 808
Leber, Julius (I) 547f.
Leeb, Wilhelm Ritter von (I) 561
(II) 365, 371, 460, 517f., 552f.,
592, 610, 867, 1171
Léger, Alexis (II) 178
Lehár, Franz (I) 76
Lehmann, Julius F. (I) 183, 202, 240
Leipart, Theodor (I) 602
Leitgen, Alfred (II) 492, 1186

Lenin, Wladimir Iljitsch (I) 19, 122,
776 (II) 9
Leopold III., König der Belgier (II) 400
Leopold, Josef (II) 119
Lerchenfeld-Koefering, Hugo Graf von
(I) 225
Levetzow, Magnus (I) 707, 863
Levien, Max (I) 157
Leviné, Eugen (I) 156f.
Ley, Robert (I) 354, 496ff., 530, 602f.,
674ff., 839, 874 (II) 423, 466, 496,
535, 735, 742, 745, 747, 913,
1002, 1075, 1258, 1266
Leybold, Otto (I) 292, 297, 829f.
Liebmann, Curt (II) 103, 293, 295f.,
1106, 1146
Liebknecht, Karl (I) 154
Lindemann, Georg (II) 858
Lindloff, Ewald (II) 1068f.
Linge, Heinz (II) 885, 946, 1004f.,
1027f., 1050, 1063, 1067f., 1072,
1185f., 1253f., 1256, 1291f.
Lippert, Michael (I) 650
Lipski, Józef (I) 684 (II) 240f., 311
List, Guido von (I) 130
List, Wilhelm (I) 85 (II) 486, 695, 697,
699f
Liszt, Franz (I) 76 (II) 510, 524
Litwinow, Maxim M. (II) 278, 1107,
1142
Lloyd George, David (I) 125 (II) 65,
412, 506, 1095, 1097
Löffner, Siegfried (I) 91, 100, 104
Lohse, Hinrich (I) 496, 498 (II) 550,
646, 652, 1077
Londonderry, Lord Henry (II) 44f.,
1092, 1095
Lorenz, Heinz (II) 889, 1027, 1050,
1060, 1186, 1202, 1254f., 1288
Loret, Jean-Marie (I) 790
Lösener, Bernhard (I) 713, 715, 718
Lossow, Otto Hermann von (I) 245ff.,
249, 251, 257f., 260-263, 268ff.,
272, 275, 814, 818, 822f.
Loßberg, Bernhard von (II) 415, 552,
1171, 1179
Lotter, Michael (I) 799f.
Louis, Joe (I) 1091

Lüdecke, Kurt (I) 237f., 241, 285, 288, 343, 482f., 814f., 836, 859, 870
Ludendorff, Erich von (I) 191, 237, 241, 247, 252f., 257, 259, 261-266, 269f., 272, 275f., 284-291, 316, 323, 327, 339, 341, 343, 345ff., 379, 393, 471, 527, 631, 814, 816, 821f., 825f., 828ff., 835, 837
Ludendorff, Margarethe von (I) 824f.
Ludin, Hanns (I) 426, 428
Ludwig Ferdinand, bayrischer Prinz (I) 252
Ludwig I., König von Bayern (I) 120
Ludwig III., König von Bayern (I) 128, 155
Ludwig XIV., König von Frankreich (II) 39
Lueger, Karl (I) 64, 67ff., 91, 97, 102, 307
Lugauer, Heinrich (I) 792f.
Lugert, Emanuel (I) 760
Luther, Hans (I) 565
Luther, Martin (I) 235, 237, 328, 343, 371, 755
Luther, Martin (II) 1209
Lüttwitz, General (I) 807
Lutze, Viktor (I) 636, 644ff., 650, 654, 901 (II) 535, 761
Luxemburg, Rosa (I) 154

M

Macke, August (I) 119
Mackensen, August von (I) 694
Mackinder, Sir Halford (I) 833
Mahler, Gustav (I) 54, 63, 771
Maisel, Ernst (II) 953
Makart, Hans (I) 58
Makins, Roger (II) 1144f.
Mandela, Nelson (I) 15
Mann, Heinrich (I) 119
Mann, Thomas (I) 119, 425, 609f., 881
Mann, Victor (I) 155
Mannerheim, Carl Gustav Freiherr von (II) 541, 690f., 943
Mansfeld, Erich (II) 1068
Manstein, Erich von (II) 156, 394f., 537, 607, 623, 677, 688f., 692,

698, 714ff., 721, 752, 754ff., 770, 776, 780, 784, 789, 800, 817-820, 831ff., 876, 1227, 1242, 1244
Manteuffel, Hasso von (II) 963, 966
Mao Tse-Tung (I) 15, 22 (II) 9, 15, 22
Marc, Franz (I) 119
March, Otto (II) 1091
March, Werner (II) 36, 1091
Marcks, Erich (II) 552
Marx, Karl (I) 17, 63, 122, 298
Marzialy, Constanze (II) 1031
Maschmann, Melita (I) 550 (II) 40, 201
Maser, Werner (I) 790
Mastny, Voytech (II) 233
Masur, Norbert (II) 1286f.
Matzelberger, Franziska siehe Hitler, Franziska
Matsuoka, Yosuke (II) 482ff., 530, 596, 1184
Maurenbrecher, Max (I) 809
Maurice, Emil (I) 300, 364f., 445, 613
May, Karl (I) 46f., 482
Mayer, Josef (II) 357
Mayr, Karl (I) 166f., 169f., 172f., 200ff., 205, 242, 798, 807
Mayrhofer, Josef (I) 70f.
McAuliffe, Anthony (II) 966
McLean, Donald (II) 490
Medicus, Franz Albrecht (I) 713, 715
Meichßner, Joachim (II) 879
Meiser, Hans (I) 722f. (II) 65
Meissner, Hans-Otto (I) 879
Meissner, Otto (I) 454, 468, 490f., 517f., 522f., 533, 535, 556, 590, 643, 651, 671, 867, 879, 884, 897, 900, 904f. (II) 232, 307, 1030
Mend, Hans (I) 790
Mendelssohn-Bartholdy, Felix (I) 101
Mergenthaler, Christian (I) 380
Mertz von Quirnheim, Albrecht Ritter (II) 887, 894, 901
Messerschmitt, Willi (II) 811, 822, 839, 1245f.
Meyer, Alfred (II) 643
Mierendorff, Carlo (II) 875
Michael I., König von Rumänien (II) 942

Miklas, Wilhelm (II) 125f., 129
Milch, Erhard (II) 719, 822ff., 838,
840, 1245, 1247
Mitford, Diana siehe Mosley, Diana
Mitford, Unity Valkyrie (II) 45, 1092
Model, Walter (II) 754f., 770, 833,
857ff., 939, 976, 1012, 1014, 1021f.
Moeller van den Bruck, Arthur
(I) 180, 215, 217, 231, 860
Möhl, Arnold Ritter von (I) 165
Mohnke, Wilhelm (II) 1045ff., 1062,
1071
Molotow, Wjatscheslaw M. (II) 267,
274, 278ff., 290f., 297f., 329, 446-
449, 451, 456, 479, 530, 954,
1143, 1146
Möllendorf, Leonhard von (II) 883
Moltke, Helmuth James Graf von
(II) 874ff.
Montgomery, Bernard L. (II) 702,
706f., 716, 781, 939, 984, 1263
Morell, Theodor (II) 74f., 233, 556,
794, 884, 907, 945ff., 1028, 1031,
1033f., 1161, 1242f., 1253, 1266
Morgenthau, Henry Jr. (II) 1280
Mosley, Diana (geb. Mitford) (II) 46,
1092, 1171
Mosley, Oswald (II) 46, 409, 1171
Mozart, Wolfgang Amadeus (I) 76
Muchow, Reinhold (I) 602
Mühsam, Erich (I) 157, 425
Müller, Adolf (I) 297, 301, 446
Müller, Alexander von (I) 167, 200,
246, 262, 823
Müller, Friedrich-Wilhelm (II) 981
Müller, Heinrich (II) 621, 653, 981, 1128
Müller, Hermann (I) 390f., 397, 410f.
Müller, Ludwig (I) 618f., 722
Müller, Willi Otto (II) 1291
Münter, Gabriele (I) 119
Münzenberg, Willi (I) 888
Murphy, Robert (I) 267, 819
Mussert, Anton Adriaan (II) 682, 1220
Mussolini, Benito (I) 15, 229f., 232-
235, 237, 257, 362, 371, 373, 434,
532, 643, 657f., 669, 681, 695,
698, 701f., 732f., 814, 912 (II) 9,
34, 46, 58, 60f., 76, 84f., 89, 111,

113f., 122f., 125, 128, 150f., 163,
176-179, 190, 260, 276, 294,
302ff., 308, 313, 322, 378, 387,
395ff., 403f., 424, 433f., 440f., 444,
448, 462f., 479, 483, 486, 493,
497, 506f., 511f., 675ff., 711, 717,
721, 731, 756f., 761, 763, 765,
771-779, 782f., 789, 791, 808, 837,
881, 892, 895f., 902, 955, 1061,
1095f., 1113, 1149, 1152, 1157,
1166, 1180, 1190, 1226, 1237f.,
1255f., 1283
Mutschmann, Martin (II) 1007

N

Nadolny, Rudolf (I) 620, 684f., 896
Napoleon Bonaparte (I) 22f., 175,
232, 905 (II) 9, 253, 406, 508f.,
517, 525, 557, 611, 628, 659, 854,
930, 984, 1010, 1191
Naumann, Friedrich (I) 179
Naumann, Werner (II) 948, 1058
Nebe, Arthur (II) 429, 624, 1252
Neithardt, Georg (I) 272f., 826
Nero (II) 39, 773
Neumann, Ernst (II) 228
Neumann, Franz (I) 13, 24
Neumann, Josef (I) 90f., 100, 104
Neurath, Konstantin Freiherr von
(I) 466, 490, 520, 599, 604, 613,
621-624, 684, 693, 714f., 730f.,
734ff., 738, 896, 912 (II) 34, 60,
62, 83, 87, 90ff., 101ff., 112ff.,
123, 141, 177, 179, 640f., 763,
779, 1076, 1107
Nicolson, Harold (II) 298
Niemöller, Martin (I) 619 (II) 80, 1100
Nietzsche, Friedrich (I) 75, 298, 609,
771 (II) 777
Norden, Hans von (I) 539
Nortz, Eduard (I) 245
Noske, Gustav (I) 219

O

Oertzen, Hans Ulrich von (II) 902
Offenbach, Jacques (I) 101
Ohnesorge, Wilhelm (I) 841
Okamoto, General (II) 596

Olbricht, Friedrich (II) 136, 868f., 877f., 881, 886ff., 892ff., 901, 1250
Oldershausen, General (I) 807
Orr, Thomas (I) 757-760
Oshima, Hiroshi (II) 63, 507, 523, 596, 598, 604, 628, 948f., 953, 965, 1184, 1193, 1202ff., 1266
Ossietzky, Karl (I) 420, 582, 610, 855
Osswald, Karl (I) 829
Oster, Hans (II) 217, 315f., 360, 368, 371, 868, 876, 902, 1133, 1252, 1266
Ott, Alois Maria (I) 825
Ott, Eugen (I) 491f., 561, 582 (II) 595f.
Oven, Wilfried von (II) 889, 1255
Owens, Jesse (II) 37f.

P

Papen, Franz von (I) 451ff., 461ff., 465-468, 471, 473, 475-481, 484, 486-492, 497, 512-525, 533, 535, 545, 547, 550, 555-558, 570, 576f., 579ff., 586, 588, 595, 605, 616f., 626, 630, 640-643, 645, 648f., 651, 659, 867f., 872, 878ff., 889, 900f., 904f. (II) 86, 110, 112-115, 117, 123, 131f., 293, 317, 577, 1103, 1108f., 1112f., 1267
Patton, George S. (II) 938, 966
Patzig, Conrad (I) 644
Paul, Regent von Jugoslawien (II) 478
Paulus, Friedrich (II) 657, 697, 700, 705, 713f., 716, 719, 721ff., 1227, 1229, 1242
Pavelic, Ante (II) 540, 757
Pearson, Alfred (I) 652
Perkowski, Tadeusz (II) 286
Perlitius , Ludwig (I) 556
Pernet, Heinz (I) 316
Petacci, Clara (II) 1061
Pétain, Philippe (II) 403, 405, 442-447, 529, 690, 712
Peter II., König von Jugoslawien (II) 478
Petersen, Julius (I) 609
Pfeffer, Franz von Salomon (I) 320, 355f., 379, 431f., 434, 436, 438f., 839 (II) 587

Pfordten, Theodor von der (I) 259, 273
Pfundtner, Hans (I) 713
Philipp, Prinz von Hessen (II) 123, 125, 780
Phipps, Eric (I) 693, 697 (II) 61, 86
Picasso, Pablo (II) 60
Picker, Henry (II) 1223, 1276
Piłsudski, Jósef (I) 622, 624, 683 (II) 330
Pintsch, Karl-Heinz (II) 492, 1185f.
Pirow, Oswald (II) 213, 1131
Pittinger, Otto (I) 220, 226f., 246, 818
Planck, Max (I) 467, 481
Pöhner (I) 237, 260ff., 266, 272, 339, 814
Polkes, Feivel (II) 1125
Pölzl, Johann Baptist (Großvater) (I) 37, 41
Pölzl, Theresia (Tante) (I) 37
Popitz, Johannes (I) 710 (II) 368, 867, 873, 902, 927, 1255
Popp, Frau (I) 120, 122, 124, 129
Popp, Joseph (I) 120, 129
Porsche, Ferdinand (II) 266
Pötsch, Leonard (I) 47
Preradovic, Dr. Nikolaus (I) 758
Price, Ward (I) 688, 909 (II) 128, 1110
Probst, Christoph (II) 724, 806
Puccini, Giacomo (I) 76
Puttkamer, Karl-Jesko Otto von (II) 69, 328, 399, 960, 1030, 1050, 1286

Q

Quisling, Vidkun (II) 390, 392, 757

R

Raab, Johann (I) 792
Rademacher, Franz (II) 432f.
Raeder, Erich (I) 561, 699, 736 (II) 83, 87, 91, 102, 146, 153, 240, 367, 389-392, 404, 408, 412, 414, 416, 434, 439, 455f., 482, 761, 1076, 1102, 1104f., 1118f., 1133, 1151, 1176
Ranke, Leopold von (I) 298
Rath, Ernst vom (II) 194ff., 205, 1126f., 1131

Rathenau, Walter (I) 223, 819
Rattenhuber, Johann (II) 824
Ratzel, Friedrich (I) 325, 833
Raubal, Angela (Halbschwester) (I)
    38ff., 44, 57, 93, 364, 445, 760,
    765, 862
Raubal, Geli (I) 40, 364ff., 443-447,
    483, 531, 613, 859, 861f. (II) 74, 281
Raubal, Leo (I) 40, 57, 765f.
Rechenberg, Hans (II) 1277
Redesdale, Lord (II) 45
Reich-Ranicki, Marcel (II) 1157
Reichenau, Walther von (I) 562, 627,
    634, 644, 656, 660, 886, 900 (II)
    100, 102, 116, 121, 155, 367, 593,
    610, 622, 1171
Reinhardt, Fritz (I) 569 (II) 1213
Reinhardt, Hans (II) 594, 981
Reisser, Hans (II) 1068
Reiter, Maria (Mimi) (I) 364-367,
    444, 842, 863
Reiter, Anni (I) 365
Reitsch, Hanna (II) 822, 1045, 1054f.,
    1287f.
Remarque, Erich Maria (I) 610
Remer, Otto Ernst (II) 890ff., 902,
    1255f.
Rendulic, Lothar (II) 981
Reschny, Hermann (II) 122
Reusch, Paul (I) 489, 863
Reventlow, Ernst Graf zu (I) 331, 380,
    494
Reynolds, Rothay (I) 426
Ribbentrop, Annelies von (I) 868
Ribbentrop, Joachim von (I) 377, 475,
    515, 517-520, 522, 700f., 735f.,
    868, 878f. (II) 33, 38, 49, 58f., 62f.,
    84, 101f., 104, 116, 121, 123,
    140f., 143, 150ff., 157f., 165f., 170,
    175-180, 185, 218-221, 228, 231ff.,
    239ff., 267, 276-280, 283f., 289-
    293, 296-299, 301-304, 306f.,
    309ff., 313f., 317ff., 329, 331, 368,
    395, 403f., 431, 433ff., 438, 440ff.,
    444-448, 456, 466, 480ff., 493,
    497, 505f., 530, 541, 596-599, 634,
    637f., 666, 676, 707f., 758, 760,
    773ff., 781, 785, 829f., 836, 844,

846, 941, 975, 996ff., 1001f., 1004,
    1007, 1011, 1018, 1027f., 1030,
    1035, 1039, 1058, 1073, 1076,
    1095f., 1120, 1133, 1136, 1138,
    1142, 1145, 1147, 1149f., 1152f.,
    1171, 1186f., 1193, 1197, 1202f.,
    1266, 1275
Richthofen, Wolfram Freiherr von
    (II) 714f.
Riefenstahl, Leni (I) 662 (II) 37
Rilke, Rainer Maria (I) 119
Rinke, Marie (I) 84
Roberts, Sir Frank (II) 1152f.
Robinson, Simon (I) 100
Rohland, Walter (II) 592f.
Röhm, Ernst (I) 164, 200f., 221ff.,
    227, 231, 242, 245-249, 253, 262,
    266, 272, 274, 288, 295, 311, 316,
    342f., 385, 388, 437, 439, 442,
    466f., 476, 495, 497f., 517, 538,
    585, 627, 629, 631-638, 640f.,
    643-651, 655f., 678, 807, 818, 829,
    865, 867, 898 (II) 18, 1262
Roller, Alfred (I) 73, 770
Rommel, Erwin (II) 463, 688f., 702,
    706f., 709, 716, 756, 763, 774f.,
    777, 779, 834, 843f., 844, 847,
    849f., 858, 909, 935, 953f., 1219,
    1226, 1238, 1247
Roosevelt, Franklin Delanor (I) 15
    (II) 204, 254f., 404, 419, 594, 599,
    637, 680, 704, 752, 795, 985,
    1006, 1010, 1020f., 1132, 1138,
    1210, 1280
Roques, Karl von (II) 624
Rosenberg, Alfred (I) 183, 199, 201,
    205, 228, 260, 266, 281-284, 289,
    314, 322, 343, 381, 477, 530, 648,
    690, 695, 723, 836, 900, 910
    (II) 78, 209, 248, 283, 291, 339,
    344, 364, 431, 496, 548ff., 535,
    584, 626, 634, 636ff., 643, 651,
    687, 1030, 1076, 1143
Roßbach, Gerhard (I) 240, 815
Roßbach, J. R. (I) 808
Rossini, Gioacchino (I) 76
Rothermere, Harald Sydney Harms-
    worth (I) 426

94 PERSONENREGISTER

Rothschild, Baron (I) 35
Röver, Carl (II) 679, 1218, 1221, 1233
Rubens, Peter Paul (I) 58
Rublee, George (II) 1032
Rumbold, Horace (I) 549, 883, 900
Runciman, Walter (II) 162f.
Rundstedt, Gerd von (II) 156, 367,
    369, 371, 394, 401, 409, 460,
    517f., 552, 561, 593f., 701, 817,
    831, 845, 849, 857f., 867, 900,
    935, 954, 958, 964, 983f., 1146,
    1172, 1246f.
Rupprecht, bayrischer Kronprinz
    (I) 264, 339, 821f., 824
Rust, Bernhard (I) 364, 497 (II) 535,
    1030
Rutz, Korbinian (I) 790
Ryti, Risto (II) 690, 943

S
Salmuth, Hans von (II) 476
Sander, Ludolf Gerhard (II) 883, 1253
Sauckel, Fritz (II) 258, 736, 740, 922,
    1076, 1231
Sauerbruch, Ferdinand (I) 900
Saur, Karl Otto (II) 837, 839f., 1058,
    1281
Scavenius, Erik (II) 1206
Schach, Gerhard (I) 891
Schacht, Hjalmar (I) 449f., 465, 488,
    565, 567, 569f., 573, 599f., 613,
    652, 675, 707f., 710ff., 719, 724,
    727-730, 887, 915 (II) 41ff., 52f., 56,
    62, 82, 86, 88, 102, 139, 202, 206,
    222, 253, 316, 319, 431, 902, 1132
Schädle, Franz (II) 1071
Schäffer, Fritz (I) 488, 879
Schaposchnikow, Boris B. (II) 267
Scharnhorst, Gerhard Johann David
    von (II) 851
Scharrer, Eduard (I) 323, 325
Schaub, Julius (I) 359, 433, 482, 542,
    613, 646, 671ff. (II) 68, 198, 210,
    328, 399, 816, 851, 959, 1027,
    1030, 1036f., 1131, 1188
Scheidt, W. (II) 1257
Schellenberg, Walter (II) 902, 1051ff.,
    1181, 1287

Schemm, Hans (I) 585
Scherff, Walter (II) 1257
Scheringer, Richard (I) 426ff., 858
Scheubner-Richter, Max Erwin von
    (I) 205, 241, 252f., 256, 259, 266,
    281f., 322
Schichtl, Rosalia (I) 39
Schicklgruber, Alois (Aloys) siehe
    Hitler, Alois
Schicklgruber, Johann (Urgroßvater)
    (I) 31
Schicklgruber, Maria Anna siehe
    Hiedler, Maria Anna
Schiller, Johann Christoph Friedrich
    von (I) 75
Schirach, Baldur von (I) 392f., 443,
    482, 506, 541, 854 (II) 38, 425,
    467f., 535, 642, 767f., 977, 1076,
    1237, 1270
Schirach, Henriette von, geb. Hoff-
    mann (II) 767f., 1237, 1270
Schirach, Karl von (I) 392
Schlabrendorff, Fabian von (II) 867,
    870f.
Schlageter, Albert (I) 817
Schlegelberger, Franz (II) 668, 670,
    1218
Schleicher, Kurt von (I) 411, 452, 459-
    462, 464-467, 473, 475, 478ff.,
    490ff., 494ff., 499f., 512-520, 522,
    524, 535, 549, 556, 563, 570, 637,
    645, 648, 653, 655, 657, 865, 868,
    872f., 879, 900, 902, 904 (II) 18,
    1047
Schlitt, Ewald (II) 670f., 673, 1218
Schmeling, Max (II) 1091
Schmid, Wilhelm Eduard (I) 649
Schmidt, Ernst (I) 152, 159ff., 164,
    309, 318, 791 (II) 405
Schmidt, Guido (II) 114-117, 1109
Schmidt, Otto (II) 96, 98f.
Schmidt, Paul (I) 695ff., 700f.
    (II) 165f., 170, 172, 174, 176f., 180,
    232f., 301, 303, 306, 309f., 313f.,
    433, 447, 530, 540, 757, 829f.,
    895, 137, 1150, 1152, 1253, 1275
Schmidt-Falk, Elsa (I) 87
Schmitt, Carl (I) 479, 608, 655

Schmitt, Ludwig (I) 649
Schmorell, Alexander (II) 724
Schmundt, Rudolf (II) 175, 256, 268,
  274, 302, 328, 394, 399, 604f.,
  607, 609, 636, 700f., 713, 720,
  831ff., 851, 869, 884, 945, 953,
  1017, 1162, 1225, 1242
Schneidhuber, August (I) 438, 646,
  860
Schnitzler, Arthur (I) 63, 80
Schnurre, Karl (II) 279-280
Scholl, Hans (II) 724, 806, 872
Scholl, Sophie (II) 724, 806, 872
Schönberg, Arnold (I) 63, 334, 607
Schönerer, Georg Ritter von (I) 49,
  66ff., 79f., 85, 91, 94, 96, 99f., 102,
  780 (II) 109, 132
Schopenhauer, Arthur (I) 75, 130, 771,
  789
Schörner, Ferdinand (II) 833, 943,
  976, 981, 1033, 1049, 1058, 1060
Schott, Georg (I) 277, 279f.
Schreck, Julius (I) 162, 433, 482, 613,
  646, 671ff.
Schreyer, Karl (I) 901
Schroeder, Christa (I) 859, 861 (II) 67,
  521ff., 611, 1028, 1030, 1097,
  1192, 1253, 1277, 1279
Schröder, Baron Kurt von (I) 512ff.
Schukow, Georgi (II) 518, 979, 983,
  1023, 1041, 1069, 1074
Schulenburg, Friedrich Werner Graf
  von der (II) 278ff., 297, 449, 1147
Schulenburg, Fritz-Dietlof Graf von
  der (II) 876, 894, 902
Schulte, Karl Joseph (I) 739
Schultze, Walter (I) 266
Schulze, Richard (II) 267
Schumacher, Kurt (I) 548
Schumpeter, Joseph (I) 391
Schuschnigg, Kurt (I) 658 (II) 86, 101,
  105, 109, 112, 114-125, 128f., 148,
  1096, 1106, 1108ff., 1113
Schüssler, Rudolph (I) 171, 800
Schwägermann, Günther (II) 1071
Schwarz, Franz Xaver (I) 383, 444,
  453, 530
Schwede-Coburg, Franz (II) 359

Schwerin von Krosigk, Lutz Graf
  (I) 465f., 520, 555, 880, 886
  (II) 1019, 1030, 1058, 1073
Schwerin von Schwanenfeld, Ulrich
  Wilhelm Graf (II) 902, 905
Schwerin, Gerhard Graf von (II) 315,
  958, 1152
Sebastian, Bischof (Speyer) (I) 923
Sebottendorf, Rudolf Freiherr von
  (I) 183
Seeckt, Hans von (I) 246f., 258 (II) 83,
  291, 818
Seidlitz, Gertrud von (I) 241
Seipel, Ignaz (I) 296
Seißer, Hans Ritter von (I) 256ff.,
  261ff., 268ff., 272, 822f., 825
Seldte, Franz (I) 395, 448, 521, 547,
  569, 601, 675 (II) 1030
Semper, Gottfried (I) 91
Severing, Carl (I) 462, 865
Seydlitz-Kurzbach, Walter von
  (II) 831, 998, 1242
Seyß-Inquart, Arthur (II) 115ff., 121-
  127, 129, 1058, 1076
Shirer, William (I) 693, 738f. (II) 39,
  126, 161, 169, 173, 175, 255,
  311f., 333, 410, 1102, 1139, 1151
Simon, Sir John (I) 690, 695f., 699ff.,
  910f., 913, 1188
Simpson, Wallis (II) 59, 259
Sinclair, Archibald (II) 491
Skorzeny, Otto (II) 783, 902, 955-959
Skubel, Michael (II) 1111
Smith, Truman (I) 815
Sohn-Rethel, Alfred (I) 920
Solmitz, Luise (I) 399, 457, 487, 547,
  576, 583f., 742, 917
Spaatz, Carl (II) 1074
Speer, Albert (I) 18, 99, 541, 671, 714,
  791 (II) 36, 53, 70, 72ff., 159, 209,
  211, 229, 242, 247, 258, 266, 283,
  318, 400, 405f., 466, 485, 492,
  664f., 684, 697, 703, 727, 731,
  735, 740-748, 755, 793, 795f.,
  822f., 827, 837-840, 845, 851,
  889f., 892, 897, 906, 909, 921ff.,
  927f., 932, 944, 950-953, 996,
  1000ff., 1012ff., 1021, 1028, 1030,

1033, 1037-1041, 1057f., 1073,
1076, 1094, 1098, 1147, 1179,
1186, 1216, 1220f., 1231, 1233,
1240, 1245, 1248, 1255, 1261,
1263, 1275, 1280f.
Speidel, Hans (II) 869
Spengler, Oswald (I) 205, 493, 873
(II) 24
Sperrle, Hugo (II) 116f., 663, 858
Sponeck, Hans Graf von (II) 610,
1226
Sprenger, Jacob (I) 704
Stalin, Josef (I) 10, 15, 19, 22f., 670
(II) 9, 84, 267, 277f., 280, 290f.,
297f., 300, 329, 331, 378, 388,
396, 412f., 417, 438, 441, 446,
451, 462, 472, 483, 490, 501ff.,
507, 509, 511, 518f., 527, 550,
556f., 562, 564, 570, 581, 608,
627f., 636, 650, 680, 682, 692f.,
699, 706f., 752, 781, 795, 827,
854, 900f., 913, 943, 948ff., 953,
985, 999, 1006, 1010, 1017, 1074,
1142, 1146f., 1166, 1189, 1191,
1193, 1197f., 1292
Stapel, Wilhelm (I) 180, 231
Stauffenberg, Berthold Schenk Graf
von (II) 894, 902
Stauffenberg, Claus Schenk Graf von
(II) 807f., 860f., 863f., 866, 873,
877-883, 885-888, 893f., 900f.,
908, 912f., 916f., 919, 921, 923f.,
932, 935, 939, 946, 1007, 1252ff.,
1259
Stauffenberg, Nina, geb. Freiin von
Lerchenfeld (II) 904
Stefanie (angebliche Geliebte von
Hitler) (I) 53, 78, 443
Stein, Franz (I) 95, 781
Steiner, Felix (II) 1023, 1032ff., 1047,
1050
Stempfle, Bernhard (I) 301, 649
Stenglein, Ludwig (I) 294f., 297
Stennes, Walter (I) 437-442, 492
Stevens, Richard Henry (II) 372
Stieff, Helmuth (II) 870, 874, 879f.,
902, 904
Stöhr, Franz (I) 380

Strang, William (II) 165
Strasser, Gregor (I) 283, 289ff., 331,
337, 343, 348f., 351-355, 357, 364,
377, 379, 382, 384f., 387f., 409,
413ff., 417, 429, 431, 433, 452,
464, 478, 480, 491-501, 515, 530,
533, 645, 648, 653, 676, 839,
852ff., 860, 868, 870, 873f., 878,
900 (II) 493, 495, 856, 978
Strasser, Otto (I) 299f., 396, 413-417,
424, 427, 437, 441, 444, 649, 773,
831, 839, 850, 852ff., 861 (II) 372
Strauß, Adolf (II) 610
Strauß, Johann (I) 76 (II) 839
Strauss, Richard (I) 607 (II) 36f., 281,
610
Streicher, Julius (I) 228f., 263, 266,
281ff., 289ff., 320, 340f., 344,
348f., 351-354, 356, 530, 598f.,
703f., 708f., 812, 823, 836-840,
916 (II) 188, 284, 431, 496, 1076
Stresemann, Gustav (I) 254, 333,
391f., 395, 397, 410, 620, 622, 624
Stroop, Jürgen (II) 766f., 1077
Stuck, Franz von (I) 770
Stuckart, Wilhelm (I) 713, 718
(II) 128f., 234, 1113
Student, Kurt (II) 487
Stülpnagel, Karl Heinrich von (I) 885
(II) 888f., 937, 953
Stülpnagel, Otto (I) 623 (II) 369
Stumpfegger, Ludwig (II) 946, 1059,
1071f., 1293
Stumpff, Hans-Jürgen (II) 1074
Suñer, Ramón Serrano (II) 440
Szalasi, Ferencz (II) 955ff.
Sztojay, Döme (II) 830, 846, 954, 1244

T
Tanhauser, Eugen (I) 792
Tedder, Arthur W. (II) 1074
Tenner, Friedrich (I) 293
Terboven, Josef (I) 644
Thälmann, Ernst (I) 347, 423, 455f.,
533
Thiele, Fritz (II) 885
Thierack, Otto Georg (II) 669, 905,
1030, 1058

Thomas, Georg (II) 316, 459ff., 470
Thyssen, Fritz (I) 241, 395, 449-452, 488, 542
Timoschenko, Semjon (II) 518, 583, 695, 1199, 1224
Tirpitz, Alfred von (I) 699
Tiso, Jozef (II) 231f., 541, 757
Tito, Josef (II) 942
Todt, Fritz (I) 571ff. (II) 150, 160, 449, 585, 593, 662-665, 691, 1094, 1216
Tojo, Hideki (II) 595
Toller, Ernst (I) 138, 157, 162, 425
Torgler, Ernst (I) 480 (II) 464
Torres, Baron de las (II) 1177
Tornow, Fritz (II) 1060
Treitschke, Heinrich von (I) 112, 298
Tresckow, Henning von (II) 476, 807, 861, 866-872, 876-880, 902, 939
Treviranus, Gottfried Reinhold (I) 428f.
Trevor-Roper, Hugh (II) 1277f., 1286
Troeltsch, Ernst (I) 220
Troost, Paul Ludwig (II) 76, 1098
Trott zu Solz, Adam von (II) 315, 872, 875
Trotzki, Leon (I) 122
Tscherniakowski, Iwan (II) 959
Tschiang Kai-scheck (II) 98
Tschirschky und Boegendorff, Fritz Günther von (I) 645, 900
Tubeuf, Anton von (I) 136
Tucholsky, Kurt (I) 610

U

Udet, Ernst (II) 493, 567, 1187
Uebelhoer, Friedrich (II) 644
Uiberreither, Siegfried (II) 912
Ulex, Wilhelm (II) 343f., 1158
Unruh, Walter von (II) 740
Urbsys, Joseph (II) 239f.

V

Vahlen, Theodor (I) 350
Van der Lubbe, Marinus (I) 579ff., 888
Veesenmeyer, Edmund (II) 830
Verdi, Giuseppe (I) 76f.

Viebahn, Max von (II) 126
Viktor Emmanuel III., König von Italien (I) 230 (II) 150, 260, 304, 763, 772, 774f., 780
Viktoria, Großfürstin (I) 241
Vogel, Werner (II) 882
Vögler, Albert (I) 489, 542 (II) 53
Volck, Adalbert (I) 286, 289f., 351
Vormann, Nikolaus von (II) 303, 318, 1149
Vos, Admiral (II) 1284

W

Wachenfeld, Familie (I) 363f.
Wagener, Otto (I) 431f., 434, 436, 439, 495, 850, 859, 860
Wagner, Adolf (I) 585, 646, 707, 710, 714 (II) 78, 196, 496, 573, 834, 1279
Wagner, Bruno (II) 675
Wagner, Cosima (I) 816
Wagner, Eduard (II) 337, 554, 583, 585f., 899, 902, 1172, 1181
Wagner, Familie (Bayreuth) (II) 70f., 281
Wagner, Friedelind (I) 911
Wagner, Gerhard (I) 709, 712-715, 718f. (II) 81, 353f., 1125
Wagner, Josef (II) 587
Wagner, Otto (I) 63, 74
Wagner, Richard (I) 52ff., 74, 76ff., 91, 235, 238, 240, 328, 338, 771f., 816 (II) 282, 610, 660, 839, 978, 841, 1235
Wagner, Robert (I) 316 (II) 435
Wagner, Siegfried (I) 240, 841
Wagner, Walter (II) 1055
Wagner, Winifred (I) 240, 396, 443, 765, 785, 841, 911 (II) 267, 282
Wahrmund, Adolf (I) 197
Walter, Bruno (II) 608, 1219
Warlimont, Walter (II) 393, 415, 473f., 477, 520, 753, 770
Warmbold, Hermann (I) 465
Weber, Christian (I) 205f., 228, 831 (II) 750
Weber, Friedrich (I) 258f., 272, 293-296, 314, 316, 829

Weber, Max (I) 755
Wedekind, Frank (I) 80, 119
Wegener, Paul (II) 1233
Weichs, Maximilian (II) 344, 693,
695, 702, 705, 714, 829
Weidling, Helmuth (II) 1040f., 1045,
1048, 1060-1062, 1070
Weill, Kurt (I) 607
Weiß, Rudolf (II) 1060
Weizsäcker, Ernst Freiherr von (I) 684
(II) 140f., 151, 159, 166, 171,
174f., 178f., 232, 256, 278ff., 284,
299f., 316f., 319f., 360, 362, 365,
367f., 413, 442, 447, 599, 1115,
1120f., 1144
Welczek, Johannes von (II) 164, 1126
Wellington, Arthur Wellesley, Ist Duke
of (I) 696
Wels, Otto (I) 592, 603f., 891f., 923
Welles, Sumner (II) 1147
Wenck, Walther (II) 982, 1033,
1036f., 1041f., 1044, 1046, 1048ff.,
1054, 1060f.
Wendt, Hans Friedrich (I) 426
Wenner-Gren, Axel (II) 317
Werlin, Jakob (I) 887
Wessel, Horst (I) 413, 853
Westarp, Kuno Graf von (I) 411
Wiedemann, Fritz (I) 130, 671-674,
704, 726, 742, 790, 792, 861, 914
(II) 69, 95, 100, 138, 150, 158, 252
Wildes, Harry (I) 879
Wilhelm II., deutscher Kaiser (I) 68,
98, 111, 114, 115, 118, 124, 129,
141, 154, 623, 699, 786, 791
(II) 708
Willikens, Werner (I) 27, 663, 665f., 669
Wilson, Sir Horace (II) 164, 172ff.,
178, 313

Wilson, Woodrow (I) 153
Winkelmann, Otto (II) 955
Windsor, Herzog und Herzogin von
(II) 259, 1095f., 1171
Winter, Anni (I) 861, 1262, 1282
Wirth, Joseph (I) 206, 819
Witzleben, Erwin von (II) 371, 887f.,
902, 904-905
Wohlrab, Maria (I) 775
Wohltat, Helmut (II) 317, 1132
Wolf, Hugo (II) 660
Wolf, Johanna (II) 1028, 1030
Wolf, Karl Hermann (I) 91
Wolf, Paula, geb. Hitler (Schwester)
(I) 39, 41-44, 51, 55ff., 71, 75, 93,
767, 771, 778, 782, 863
Wolff, Karl (II) 209, 266, 1072, 1128,
1221, 1275
Wulle, Reinhold (I) 283, 340, 380
Wurm, Theophil (I) 548, 722f.

Y
Yorck von Wartenburg, Peter Graf
(II) 875f., 894, 902, 904
Young, Owen D. (I) 395

Z
Zakreys, Maria (I) 71, 78, 83, 769
Zander, Wilhelm (II) 1060
Zehrer, Hans (I) 494, 873
Zeitschel, Carltheo (II) 633f.
Zeitzler, Kurt (II) 701, 705f., 713-716,
719, 753, 755, 769, 799, 817,
833, 836, 854, 858, 874, 908,
1225
Zetkin, Clara (I) 479
Ziegler, Hans Severus (I) 393
Zuckmayer, Carl (I) 610 (II) 134
Zweig, Stefan (I) 267

Abkürzungsverzeichnis

AA Auswärtiges Amt
ADAP Akten zur Deutschen Auswärtigen Politik 1918-1945. Aus dem Archiv des Auswärtigen Amts, Serie C: 1933-1937. Das Dritte Reich: Die ersten Jahre, Göttingen 1971-1981; Serie D: 1.9.1937-11.12.1941, Baden-Baden 1950-1956 (Bd. 1-7), Frankfurt am Main 1961-1963 (Bd. 8-10), Bonn 1964 (Bd. 11), Göttingen 1969-1970 (Bd. 12-13); Serie E: 1941-1945, Göttingen 1969-1979.
ADGB Allgemeiner deutscher Gewerkschaftsbund (sozialdemokratisch)
AdR Akten der Reichskanzlei. Die Regierung Hitler, Teil 1: 1933-1934. Bearbeitet von Karl Heinz Minuth, 2 Bde., Boppard am Rhein 1989.
AG Arbeitsgemeinschaft der nord- und westdeutschen Gaue der NSDAP
AO Auslandsorganisation der NSDAP
AP Associated Press
ApuZ *Aus Politik und Zeitgeschichte* (Beilage zur Wochenzeitung *Das Parlament*)

BA Bundesarchiv Berlin
BA/MA Bundesarchiv / Militärarchiv Potsdam
BBC British Broadcasting Company (später: Corporation)
BDC Berlin Document Center
BDM Bund deutscher Mädel
Best. Bestand
BHStA Bayrisches Hauptstaatsarchiv
BVP Bayrische Volkspartei

CP Galeazzo Ciano, Ciano's Diplomatic Papers, hg. von Malcom Muggeridge, London 1948.

DAF Deutsche Arbeitsfront
DAP Deutsche Arbeiterpartei
DBFP Documents on British Foreign Policy, 1919-1939, Serie 2: 1929-1938; Serie 3: 1938-1939, London 1947-1961.
DBS Deutschlandberichte der Sozialdemokratischen Partei Deutsch-

100 ABKÜRZUNGEN

	lands [Sopade], 1934-1940, 7 Bde., Frankfurt am Main 1980. Domarus – Hitler. Reden und Proklamation, hg. von Max Domarus, 1933-1945, 2 Bde. in 4 Teilbänden, Wiesbaden 1973.
DDP	Deutsche Demokratische Partei
DNB	Deutsches Nachrichtenbüro
DNF	Deutschnationale Front
DNSAP	Deutsche Nationalsozialistische Arbeiterpartei
DNVP	Deutschnationale Volkspartei
DRZW	Das Deutsche Reich und der Zweite Weltkrieg, hg. vom Militärgeschichtlichen Forschungsamt, 6 Bde., Stuttgart 1979ff.
DSP	Deutschsozialistische Partei
DTB Frank	Das Diensttagebuch des deutschen Generalgouverneurs in Polen 1939-1940, hg. von Werner Präg und Wolfgang Jacobmeyer, Stuttgart 1975.
DVFP	Deutschvölkische Freiheitspartei
DVP	Deutsche Volkspartei
DZW	Deutschland im Zweiten Weltkrieg, 6 Bde., hg. von einem Autorenkollektiv, Berlin (Ost) 1974-1985.
FHQ	Führerhauptquartier
Gestapa	Geheimes Staatspolizeiamt
Gestapo	Geheime Staatspolizei
GG	*Geschichte und Gesellschaft*
GPU	Staatliche Politische Verwaltung (der sowjetischen Staatspolizei)
Gruko	Gruppenkommando
GS	Gendarmerie-Station
GstA	Geheimes Staatsarchiv (Bayrisches Hauptstaatsarchiv Abteilung 2, München)
GVG	Großdeutsche Volksgemeinschaft
HAFRABA	Verein zur Vorbereitung der Autostraße Hansestädte-Frankfurt-Basel
Halder, KTB	Franz Halder, Kriegstagebuch. Tägliche Aufzeichnungen des Chefs des Generalstabs des Heeres 1939-1942. Bearbeitet von Hans-Adolf Jacobsen, hg. vom Arbeitskreis für Wehrforschung Stuttgart, 3 Bde., Stuttgart 1962-1964.
HJ	Hitlerjugend
HZ	*Historische Zeitschrift*
IAA	Internationale Automobilausstellung
IfZ	Institut für Zeitgeschichte, München
IMG	Der Prozeß gegen die Hauptkriegsverbrecher vor dem Internationalen Militärgerichtshof Nürnberg, 14. November 1945 – 1. Oktober 1946, hg. vom Internationalen Militärgerichtshof Nürnberg, 42 Bde., Nürnberg 1947-1949.
IML / ZPA	Institut für Marxismus-Leninismus, Zentrales Parteistaatsarchiv
IMT	Internationales Militärtribunal, Nürnberg

Irving, HK David Irving, Hitlers Krieg. 2 Bde., Herrsching 1988.
IWM Imperial War Museum

JCH *Journal of Contemporary History*
JK Hitler. Sämtliche Aufzeichnungen 1905-1924, hg. von Eberhard Jäckel und Axel Kuhn, Stuttgart 1980.
JMH *Journal of Modern History*

KDF *Kraft durch Freude*, Organisation der DAF
Keitel Generalfeldmarschall Keitel. Verbrecher oder Offizier? Erinnerungen, Briefe, Dokumente des Chefs OKW, hg. von Walter Görlitz, Göttingen/Berlin/Frankfurt am Main 1961.
Koeppen Aufzeichnungen des persönlichen Referenten Rosenbergs, Dr. Koeppen, über Hitlers Tischgespräche 1941, BA R6/34a, 1-82.
KPD Kommunistische Partei Deutschlands
KPdSU Kommunistische Partei der Sowjetunion
KTB OKW Kriegstagebuch des Oberkommandos der Wehrmacht (Wehrmachtsführungsstab) 1940-1945. Geführt von Helmut Greiner und Percy Ernst Schramm. Im Auftrag des Arbeitskreises Wehrforschung hg. von Percy Ernst Schramm, 4 Bde. in 6 Teilbänden, Frankfurt am Main 1961-1979.
KZ Konzentrationslager

LB (Darmstadt): Lagebesprechungen im Führerhauptquartier. Protokollfragmente aus Hitlers militärischen Konferenzen 1942-1945, hg. von Helmut Heiber, gekürzte Ausgabe, Berlin/Darmstadt/Wien 1962.
LB (Stuttgart) Hitlers Lagebesprechungen – Die Protokollfragmente seiner militärischen Konferenzen 1942-1945, hg. von Helmut Heiber, [ungekürzter Text], Stuttgart 1962.
LBYB Leo Baeck Institute Yearbook
LR Landrat

MadR Meldungen aus dem Reich. Die geheimen Lageberichte des Sicherheitsdienstes der SS 1938-1945, hg. von Heinz Boberach, 17 Bde., Herrsching 1984.
MK Adolf Hitler, Mein Kampf, 876.-880. Auflage, München 1943.
Monologe Adolf Hitler, Monologe im Führerhauptquartier 1941-1944. Die Aufzeichnungen Heinrich Heims, hg. von Werner Jochmann, Hamburg 1980. NA – National Archives, Washington

Nbg-Dok. Nürnberger Dokumente (Beweismittel der Nürnberger Prozesse)
NCA Nazi Conspiracy and Aggression, hg. vom Office of the United States Chief of Counsel for Prosecution of Axis Criminality, 9 Bde. und 2 Supplementbände, Washington D.C. 1946-1948.
NKFD Nationalkomitee Freies Deutschland
NKWD Volkskommissariat für Innere Angelegenheiten (sowjetischer Geheimdienst)

102 ABKÜRZUNGEN

NSBO   Nationalsozialistische Betriebszellenorganisation
NSDAP   Nationalsozialistische Deutsche Arbeiterpartei
NSDStB   Nationalsozialistischer Deutscher Studentenbund
NSFB   Nationalsozialistische Freiheitsbewegung
NS-*Hago*   Nationalsozialistische Handwerks-, Handels- und Gewerbe-
organisation
NSKK   Nationalsozialistisches Kraftfahrkorps
NSV   Nationalsozialistische Volkswohlfahrt

OHL   Oberste Heeresleitung (Erster Weltkrieg)
OKH   Oberkommando des Heeres
OKL   Oberkommando der Luftwaffe
OKW   Oberkommando der Wehrmacht (Zweiter Weltkrieg)
Orgesch   Organisation Escherich
OSAF   Oberster SA-Führer
OSS   Office of Strategic Services (US-Geheimdienstorganisation)
OT   Organisation Todt

PRO   Public Record Office (London und Belfast)

RAF   *Royal Air Force*
RGBl   Reichsgesetzblatt
RGO   Revolutionäre Gewerkschaftsopposition
RP   Regierungspräsident
RSA   Hitler. Reden, Schriften, Anordnungen: Februar 1925 bis
Januar 1933, hg. vom Institut für Zeitgeschichte, 5 Bde. in
12 Teilbänden, München/London/New York/Paris 1992-1998.
RSHA   Reichssicherheits-Hauptamt

SA   Sturmabteilung
SD   Sicherheitsdienst
SOE   *Special Operation Executive* (britische Organisation zur subver-
siven Kriegsführung)
Sopade   Sozialdemokratische Partei Deutschlands – Auslandsvertretung
des Parteivorstands der SPD mit Sitz in Prag (1933-1938), Paris
(1938-1940) und London (ab 1940)
SPD   Sozialdemokratische Partei Deutschland
SS   Schutzstaffel
StA   Staatsarchiv
StdF   Stellvertreter des Führers

T4   »Euthanasie«-Aktion T4 (nach Gebäude in der *Tiergarten-
straße* 4, Berlin)
TB Irving   Der unbekannte Dr. Goebbels. Die geheimen Tagebücher 1938,
hg. von David Irving, London 1995.
TB Reuth   Joseph Goebbels. Tagebücher 1924-1945, hg. von Ralf Georg
Reuth, 5 Bde., München/Zürich 1992.

TB Spiegel [Auszüge aus dem Goebbels-Tagebuch], *Der Spiegel*, 29/1992,
S. 104-128; 30/1992, S. 100-109; 31/1992, S. 102-112;
32/1992, S. 58-75.
TBJG Die Tagebücher Joseph Goebbels'. Hg. von Elke Fröhlich im
Auftrag des Instituts für Zeitgeschichte, Teil 1: Aufzeichnungen
1923-1941, 9 Bde. (bisher publiziert Bd. 6-9); Teil 2: Diktate
1941-1945, München u.a. 1993-1998.

Ufa *Universum-Film-Aktiengesellschaft*
US United States
USPD Unabhängige Sozialdemokratische Partei Deutschland

V1, V2 Vergeltungswaffe 1, -2
VB *Völkischer Beobachter*
VfZ *Vierteljahrshefte für Zeitgeschichte*
VVM Vaterländische Vereine Münchens

Weinberg, Bd. 1 Weinberg, Gerhard L., The Foreign Policy of Hitlers Germany,
Bd. 1, Diplomatic Revolution in Europe, 1933-1936,
Chicago/London 1970.
Weinberg, Bd. 2 Weinberg, Gerhard L., The Foreign Policy of Hitlers Germany.
Starting World War II, 1937-1939, Bd. 2, Chicago/London
1980.
Weinberg, Bd. 3 Weinberg, Gerhard L., Eine Welt in Waffen. Die globale
Geschichte des Zweiten Weltkriegs, Stuttgart 1995. (Entspricht
dem letzten Band der englischsprachigen Edition, Weinberg,
Gerhard L., The Foreign Policy of Hitlers Germany, 3 Bde.,
Chicago/London 1970-1994. – Weinberg, Gerhard L., A World
at Arms. A Global History of World War II, Cambridge 1994.)
Weisungen Hitlers Weisungen für die Kriegsführung 1939-1945. Doku-
mente des Oberkommandos der Wehrmacht, hg. von Walther
Hubatsch, Frankfurt am Main 1965.

Enzyklopädie des Nationalsozialismus

Herausgegeben von
Wolfgang Benz, Hermann Graml
und Hermann Weiß
Mit zahlreichen Abbildungen,
Karten und Grafiken
900 Seiten
dtv 33007

Ein unentbehrliches Hilfsmittel für alle, die sich mit Nationalsozialismus und Drittem Reich beschäftigen. In ca. 1000 Stichwörtern werden Informationen über Institutionen und Organisationen, Ereignisse und Begriffe, Fakten und Daten, über die nationalsozialistische Ideologie und ihre Verwirklichung im NS-Staat vermittelt.
Der Leser wird sachkundig und zuverlässig auch über spezielle Sachverhalte informiert. Ergänzt und vertieft wird das lexikalische Wissen mit 26 großen Darstellungen über Außenpolitik und andere Themen. Mit Beiträgen u. a. über Technik, Jugend, Medizin, Sport und Emigration – alle auf dem aktuellen Stand der Forschung – erweitert sich das Sachlexikon zur Enzyklopädie. Die Artikel verweisen auf weiterführende Literatur, ein eigener Beitrag zur Quellenkunde bietet Informationen über Archivbestände und Sammlungen, ein biographisches Personenregister schließt den Band ab.

dtv